100억 명, 어느 날

TEN BILLION by Stephen Emmott

100억 명,
어느 날

스티븐 에모트 지음 | 박영록 옮김

시공사

이 책은 우리에 대한 책이다.

당신, 당신의 아이들,
당신의 어머니 아버지,
당신의 친구들에 대한 책이다.
우리 한 사람 한 사람, 모두에 대한 책이다. 우리의 실패,
즉 우리 각 개인들이 거둔 실패, 산업의 실패
그리고 우리가 선출한 정치인들의 실패에 대한 책이다.

우리가 자초한,
지구 초유의 비상사태에 대한 책이다.

무엇보다, 우리의 미래에 대한 책이다.

지구는 수백만 종의
생물이 서식하는 곳이다.

단 하나의 종이 지구를 지배한다.
바로 우리들이다.

Shanghai.
상 하 이 .

우리의 우수한 지능, 우리의 창조력 그리고 우리의 활동이 우리 행성의 거의 모든 부분을 변화시켜왔다. 사실, 우리는 지구에 엄청난 영향을 미치고 있다.

우리의 우수한 지능, 우리의 창조력 그리고 우리의 활동이 지금 우리에게 닥친 모든 전 지구적 문제의 원인인 것은 분명하다.

그리고 이러한 모든 문제는 전 세계 인구가 100억에 가까워지면서 점점 더 빠른 속도로 악화되고 있다.

사실 나는, 지금 우리가 처해 있는 상황을 비상사태로 (그것도 지구 역사상 초유의 비상사태로) 받아들여야 한다고 생각한다.

그것이 바로 내가 이 책을 쓰는 이유다.

나는 과학자다

나 는 과 학 자 다 .

나는 영국 케임브리지에 있는 연구소를 이끌고 있
다. 우리 연구소는 매우 우수한 젊은 과학자 집단의 보금자리 역
할을 하고 있다. 우리는 기후 체계와 생태계 같은 복잡계complex
system를 비롯하여, 우리 인류가 지구에 미치는 영향에 대해 연구하
고 있다.

과학은 궁극적으로 이해에 관한 것이다. 그리고 우리는 지구의 기후와 함께, (미생물 군집부터 삼림까지) 지구 육지와 해양 생태계에서 나타나는 행위 양상을 이해하고, 이러한 지구의 생명 체계가 변화에 어떻게 대응하는지를 예측하기 위해 노력하고 있다.

바로 우리가 일으킨 변화에 대해서 말이다.

우리 인류는 약 20만 년 전에 하나의 생물종으로 등장했다. 지질학적 시간의 척도로 보면, 정말로 믿을 수 없을 만큼 최근의 일이다.

불과 1만 년 전에는 100만 명의 인류만이 존재했다.
불과 200년 전인 1800년쯤에는 10억 명의 인류가 살았다.
50년 전인 1960년쯤에는 30억 명의 인류가 있었다.
현재 인류는 70억 명을 넘어서고 있다.

2050년쯤 되면 우리의 자녀나 손주 들은 적어도 90억 명의 타인들과 함께 한 행성에서 살아가게 될 것이다.

이번 세기가 끝나갈 때쯤에는, 최소한 100억 명의 인류가 존재하게 될 것이다. 어쩌면 더 많을지도.

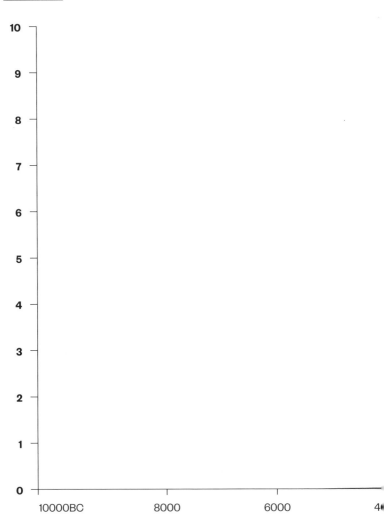

(1950년 이후 데이터는 유엔 경제사회국 인구 분과United Nations, Department of Economic and Social Affairs, Population Division, 〈세계 인구 전망 World Population Prospects〉, 2011 참고.)

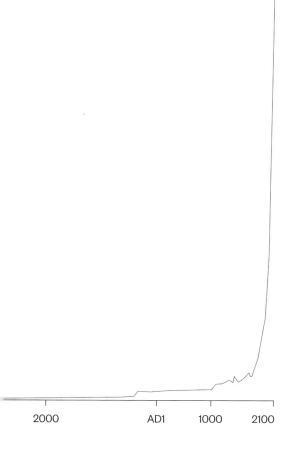

2000   AD1   1000   2100

우리는
어떤 경로를 거쳐
현재의 이 지점에
서 있게 된 것일까?

우리는 문명을 (그리고 사회를) 형성한 수많은 '사건들'을 통과하여 현재의 이 지점에 도달했다. 그중 농업혁명, 과학혁명, 산업혁명 그리고 (서구의 경우) 공중위생혁명이 가장 두드러진다.

이러한 사건들은 우리 삶의 형태와 우리 행성의 모습을 형성하는 토대가 되었다. 이 사건들이 남긴 유산은 계속해서 우리의 미래를 형성해 나갈 것이다. 그렇기 때문에 이 사건들의 전개 과정을 파악하고, 그 연장선에서 우리의 성장과 활동을 지켜봐야 할 필요가 있다.

1800년쯤에 세계 인구는 10억 명에 도달했다.

이러한 인구 증가를 가능하게 한 주요 원인 중 하나는 농업 기술의 개발이었다. 우리는 농업혁명 덕분에 수렵 채집민에서 벗어나 고도로 조직화된 식량 생산자가 될 수 있었다.
이 발전으로 수천 년 동안 주기적으로 반복되어온 기근이 극복되어 '급격한' 인구 성장이 가능해졌던 것이다. 이 농업혁명은 모두 네 번 있었다는 것이 지금까지의 통설이다.

첫 번째 혁명은 1만 3,000년 전에 이뤄졌고, 야생 동물의 가축화로 정의된다.

두 번째 혁명은 13세기에 이뤄졌다. 그 특징으로는 식물 품종 개량의 시작을 꼽을 수 있다.

(우리 모두가 학교에서 배웠던) 세 번째 농업혁명은 15세기와 16세기 사이에 일어났다. 특히 식량 생산의 기계화로 농업 생산성이 크게 향상된 혁명이었다.

revolution_

네 번째 혁명은 1950년대에

시작되어 지금까지 이어지고 있다.

이른 바 '녹색혁명'이다.

그런데 이 과정에는 숨겨진 뒷이야기가 있다.

바로 (토지 이용의) 근본적인 전환이 인간들에 의해

시작되었던 것이다.

그로부터 130년 뒤, 인구는 20억 명으로 늘어났다.

1930년이었다. 또 다른 혁명(산업혁명)의 영향이 감지되고 있었다. 세계는 제조업의 발전, 기술 혁신, 새로운 산업 공정의 도입, 교통의 발달에 힘입어 변화하고 있었다.
농업의 끊임없는 발전과 공중위생 분야의 혁신으로 인구는 꾸준히 (그리고 빠른 속도로) 증가할 수 있었다.

여기에도 숨겨진 뒷이야기가 있다. 우리가 필요한 에너지를 얻는 데 돌이킬 수 없을 만큼 극단적으로 석탄, 석유, 천연가스에 의존하기 시작했던 것이다.

30년 뒤, 인구는 30억으로 증가되었다.

1960년이었고, 우리는 식량혁명을 겪고 있었다. 인구가 더 늘어났다. 엄청나게 많이 늘어났다. 식량이 더 필요했다. 엄청나게 많이 필요했다. 기존의 농업 체계에서 제공할 수 있는 양으로는 부족했다.
녹색혁명이라고 알려진 일련의 농업 개혁이 부족한 식량을 제공했다. 녹색혁명은 다음과 같은 방법으로 이뤄졌다.

—
화학 살충제,
화학 제초제,
화학 비료의 광범위한 사용.

유례가 없는 토지 이용의 엄청난 확대.

식량 생산 체계 전체의 대량 산업화.
여기에는 대규모 '공장식 사육'이나
밀집 사육의 시작 등 식용 동물을 키우고
도살하는 일의 산업화도 포함된다.

녹색혁명은 다음과 같은 측면에서 환경에 엄청난 부담이 되었다.

서식지 소실.

오염.

남획.

또한 그로 인해 생물종의 수가 유례없이 많이 감소하고,
생태계 전체가 훼손되기 시작했다.

다시 20년이 흘러 1980년이 되면서 이 행성에 사는 인류의 수는 40억이 되었다.

녹색혁명으로 인해 식량이 더욱 많이 생산되었다. 그 결과 식량 가격이 저렴해졌다.

그러면서 우리에겐 여윳돈이 생겼다. 우리는 그 여윳돈을 비디오 플레이어, 카세트플레이어, 헤어드라이어, 자동차, 옷 등 다른 '물건'들을 사는 데 쓰기 시작했다.

이러한 흥청망청 소비를 가장 잘 보여주는 현상은 차량 대수의 놀라운 증가였다.

1960년에 전 세계의 길거리에는 자동차 1억 대가 돌아다녔다.

1980년이 되자 자동차는 무려 3억 대로 늘어났다.

Highway, Los Angeles, California.

고속도로
로스앤젤레스
캘리포니아 주.

이와 함께 도로망이 광범위하게 확충되었다.
나라마다 전 국토에 도로가 놓이며 땅이 단절되었다.
다른 생물종들의 서식지는 점점 파괴되어갔다.

1960년 항공 산업에서 여객 수에 수송거리를 곱한
여객킬로미터passenger kilometres는 1,000억 수준이었다.
1980년에는 1조 여객킬로미터를 돌파했다.

국제 운송 분야도 이와 비슷한 경이적인 속도로 빠르게 성장했다.
우리가 구입하는 모든 물건, 우리가 소비하는 모든 음식,
그리고 각종 제품을 만드는 데 필요한 모든 원재료와
자원이 전 세계로 운송되었다.

그로부터 정확히 10년 뒤인 1990년, 인구는 50억이 되었다.

이때부터 인구 증가로 인한 문제점의 초기 징후가
나타나기 시작했다.
이런 징후들의 상당 부분은 물 문제에서 드러났다.

물 소비량이 치솟는 상황이었다(마실 물은 물론이고, 요리하는 데
도, 우리가 소비하는 모든 물건을 만드는 데도 물이 필요했다).

그런데 물 부족 문제가 생기기 시작했다.
1984년, 기자들은 에티오피아에서 가뭄이 널리 퍼져
대규모 기근이 발생했다고 보도했다.

당시만 해도, 물 부족 문제는
'머나먼' 아프리카 이야기로만 여겨졌다.
하지만 얼마 지나지 않아 '머나먼' 곳만의 문제가 아니었다는 게
밝혀졌다.
오스트레일리아, 아시아, 미국, 유럽 등 세계 각지에서
때 아닌 가뭄과 홍수가 발생했던 것이다.

우리는 필수 자원인 물이 언제나
충분히 공급될 거라고 생각해왔다.
그런데 난데없이 물 부족을
걱정할 수밖에 없는 상황이 닥쳐온 것이다.

2000년이 되면서 인구는 60억을 넘어섰다.

이 시점에는 이산화탄소, 메탄 등 대기 중의 각종 온실가스(농업과 토지 이용의 확대 그리고 우리가 소비하는 모든 물건의 생산, 제조 공정, 운송의 결과로 발생한다)가 기후를 변화시키고 있다는 것이 전 세계 과학자 집단에게 확실한 사실로 받아들여졌다. 기후 변화는 우리에게 심각한 문제를 던져주었다.

1998년은 기상 관측 사상 가장 더웠던 한 해로 기록되었다.

가장 더운 해 1위부터 10위까지는 모두 1998년 이후다.

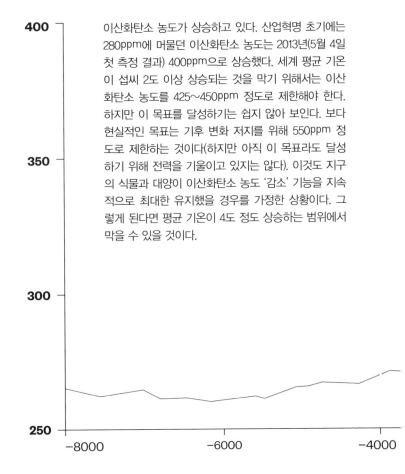

대기 중 이산화탄소
이산화탄소 농도(단위: ppm)

이산화탄소 농도가 상승하고 있다. 산업혁명 초기에는 280ppm에 머물던 이산화탄소 농도는 2013년(5월 4일 첫 측정 결과) 400ppm으로 상승했다. 세계 평균 기온이 섭씨 2도 이상 상승되는 것을 막기 위해서는 이산화탄소 농도를 425~450ppm 정도로 제한해야 한다. 하지만 이 목표를 달성하기는 쉽지 않아 보인다. 보다 현실적인 목표는 기후 변화 저지를 위해 550ppm 정도로 제한하는 것이다(하지만 아직 이 목표라도 달성하기 위해 전력을 기울이고 있지는 않다). 이것도 지구의 식물과 대양이 이산화탄소 농도 '감소' 기능을 지속적으로 최대한 유지했을 경우를 가정한 상황이다. 그렇게 된다면 평균 기온이 4도 정도 상승하는 범위에서 막을 수 있을 것이다.

(스크립스 해양연구소Scripps Institution of Oceanography[캘리포니아 주
립대학교 샌디에이고 캠퍼스UC San Diego] 이산화탄소 프로그램CO_2
program, '기후 변화 2007: 자연과학 기초Climate Change 2007: The
Physical Science Basis', 유엔 정부간기후변화위원회 제1실무단Working
Group 1 contribution to IPCC, 〈4차 보고서Fourth Assessment Report〉, 케
임브리지대학출판부 2007; C. M. 맥팔링 뫼르MacFarling Meure 외, '로
돔 이산화탄소, 메탄, 아산화질소 빙핵 기록을 2000년 BP(방사성 탄
소 연도)로 확장Law Dome CO_2, CH_4, and N_2O ice core records extended to
2000 years BP', 〈지구물리학연구지Geophysical Research Letters〉 33, 14
(2006) 참고.)

-2000   0   2013

우리는 매일같이 '기후'라는 단어를 듣는다. 따라서 이 단어가 실제로 어떤 의미를 지니는지 생각해볼 필요가 있다.

잘 알려진 대로, '기후'는 날씨와 같은 단어가 아니다.

기후는 지구에서 생명이 살 수 있도록 하는 기본 체계 중 하나다. 인류가 이 행성에서 살 수 있을지 없을지 그 여부를 결정하는 것이다. 기후는 다음 네 가지 요소로 구성되어 있다.

대기권(우리가 숨 쉬는 공기).
수권(지구의 물).
빙권(빙원과 빙하).
생물권(지구의 식물과 동물).

최근 들어 우리의 활동으로 인해 이 네 가지 구성요소가 모두 뒤틀리기 시작했다. 우리가 이산화탄소를 배출하여 대기권이 변형되기 시작했다. 우리의 물 소비가 증가하면서 수권이 변형되기 시작했다.

대기와 해수면 온도의 상승으로 빙권이 변형되기 시작했다. 특히 북극과 그린란드의 빙원은 갑자기 눈에 띄게 줄어들었다.

농업, 도시 개발, 도로 건설, 광업으로 인해 토지 이용이 늘면서 (그리고 우리 때문에 생긴 오염으로) 생물권이 변형되기 시작했다.

이 모든 걸 이렇게 요약할 수 있을 듯하다.
우리가 기후 변화를 일으키기 시작했다고.

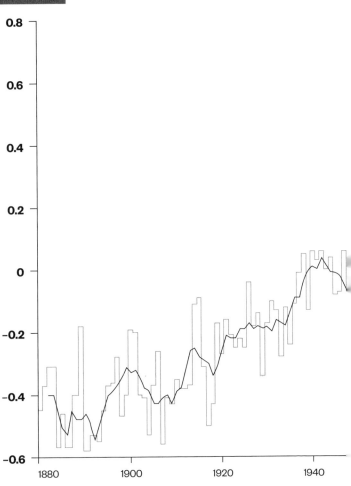

세계 기온 상승
이상 기온(단위: ℃)

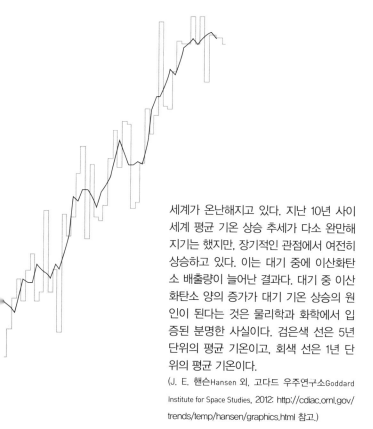

세계가 온난해지고 있다. 지난 10년 사이 세계 평균 기온 상승 추세가 다소 완만해지기는 했지만, 장기적인 관점에서 여전히 상승하고 있다. 이는 대기 중에 이산화탄소 배출량이 늘어난 결과다. 대기 중 이산화탄소 양의 증가가 대기 기온 상승의 원인이 된다는 것은 물리학과 화학에서 입증된 분명한 사실이다. 검은색 선은 5년 단위의 평균 기온이고, 회색 선은 1년 단위의 평균 기온이다.

(J. E. 핸슨Hansen 외, 고다드 우주연구소Goddard Institute for Space Studies, 2012: http://cdiac.ornl.gov/trends/temp/hansen/graphics.html 참고.)

1980   2000   2020   2040

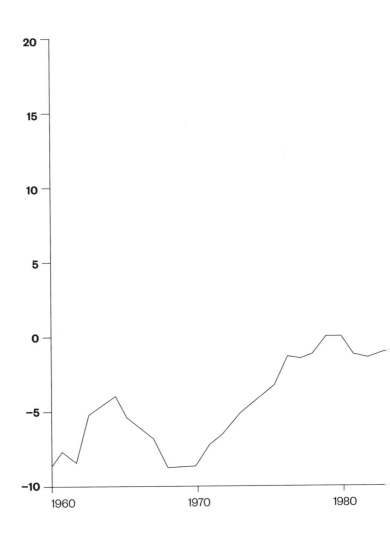

전 세계 대양 온난화
열 함량(단위: 10^{22}줄)

데이터를 통해 알 수 있듯이, 지난 수십 년에 걸쳐 진행되어온 지구 온난
화로 바다도 가열되어왔다. 그래서 '지구 온난화'에 대해 이야기할 때는,
전체 체계(지구 체계)를 살펴봐야 한다. 현 단계에서도 대양 온난화는 계
속되고 있다. 데이터는 전 세계 바다 수심 0∼2킬로미터 사이의 열 함량
을 보여준다.

(미국 해양대기관리처NOAA 대양기후연구소Ocean Climate Laboratory와 세계 대양 데이터
베이스World Ocean Database; S. 레비투스Levitus 외, '전 세계 대양 열 함유량 및 온도 상승
에 따른 해수면 변화World ocean heat content and thermosteric sea level change (0-2000m), 1955-
2010', 〈지구물리학연구지〉 39, 10 (2012) 참고.)

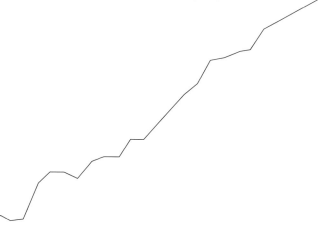

1990   2000   2010

최근 12년 사이 인구는 10억 명 더 늘어났다.

현재 지구에는 70억 명이 넘는 사람들이 살고 있다.

인구가 증가하면서 우리에겐 점점 더 많은 물, 더 넓은 땅, 더 발달된 교통, 더 풍부한 에너지가 필요해졌다.

그 결과, 이제 우리로 인해 기후가 변화하는 속도가 점점 더 빨라지고 있다.

사실 우리의 활동은 지구라는 우리가 살고 있는 복잡계와 철저히 연관되어 있을 뿐만 아니라, 이제는 연동되기까지 한다.

이 모든 게
어떻게 연결되어 있는지
이해하는 것은 중요한 일이다.

인구가 늘어나면 물과 식량 수요가 급증하기 마련이다.

더 많은 식량을 얻기 위해 더 넓은 땅에 재배해야 한다. 이로 인해 삼림 파괴가 일어난다.

식량 수요가 늘어나면 식량 생산량과 교통량도 따라서 증가하기 마련이다.

이 모든 것 때문에
에너지 수요도 급증한다.

그렇게 되면 이산화탄소와 메탄 등의 온실가스 배출량이 늘어난다. 그에 따라 기후가 급격히 변화하게 된다.

급격한 기후 변화는 물과 음식

그리고 땅에 점점 더 많은 문제를 일으킨다.

이와 동시에 인구 증가도 물과 음식

그리고 땅에 더 많은 문제를 발생시킨다.

요약하자면, 인구가 증가하고 경제가 성장할수록, 전체 체계에 많은 문제가 급격히 발생하게 된다.

이곳이 현재 우리가 위치하고 있는 지점이다.

지구는 우리가 의존하고 있고,

또 우리가 급격히 변화시키고 있는,

우리와 밀접한 연관을 맺고 있는 체계다.

우리는 바로 지금 (오늘) 이 체계에

무슨 일이 벌어지고 있는지 더 자세히 살펴봐야 한다.

이 일은 우리가 어디로 향하고 있는지를

이해하는 데 가장 중요한 작업이다.

현재 우리 행성 전체 표면의

40퍼센트가 농사에 활용되고 있다.

남아 있는 땅은 다음과 같다.

1. 북극과 남극.

2. 사하라 사막과 오스트레일리아의 대부분 지역.
(이곳은 농사를 지을 수 없는 땅이다. 시베리아를 비롯한 툰드라 지대도 역시 농사에 부적합하다.)

3. 도시나 마을 등 우리가 살고 있는 장소.
(그에 속한 도로, 철도망, 공항, 항구 등 어마어마한 기간 시설.)

4. 국립 공원 같은 보호 지역.

5. 석탄, 석유, 금, 희토류, 철, 구리, 아연, 광석, 인광석 등 지구에 있는 유한 자원을 산출하는 데 필요한 땅.

6. 잘 관리되는 삼림. 목재 생산에 이용된다.

Texas.
텍사스.

그 외에 아시아, 라틴아메리카, 사하라 이남 아프리카 등 세계 곳곳에 남아 있는 열대 우림이 있다.

이런 맥락에서 다음을 생각해보자. 2050년이 되면 식량 수요와 그에 따른 농토 수요가 최소 두 배 이상 늘어날 것이다.

그렇기 때문에 현재 해외 농지 투자가 활발하게 이뤄지는 것은 조금도 이상한 일이 아니다.

2000년부터 각국 정부, 대기업, 복합기업, 헤지펀드가 연루된 토지 거래가 수도 없이 많이 이뤄져왔다. 중국, 사우디아라비아, 카타르, 노르웨이, 프랑스, 영국, 독일, 인도네시아, 미국 같은 국가에 기반을 둔 정체가 모호한 단체들도 관련되어 있다.

이들은 사하라 이남 아프리카, 아시아, 라틴아메리카 등 세계 곳곳에서 매우 넓은 토지를 구입하고 있다. 나무를 베거나, 금속, 광석, 희토류, 인광석을 캐내고, 또는 단순히 가축이나 농산물을 키울 땅을 정비하려고 토지를 사들이는 것이다.

Mirny, Russia.
미르니 광산
러시아.

최근 12년 사이 5,000억 평방미터의
토지가 거래되었다.
외국 정부와 기업이
서유럽 전체 면적의 절반에 가까운
땅을 사고팔아온 것이다.

그런데 이보다 중요한 이야기가 있다.

토지 이용, 토지 황폐화, 서식지 소실, 오염 물질 배출로 많은 생물종의 개체 수가 현저히 줄고 있다는 사실이다.

생물종 다양성 보호에 앞장서는 단체인 국제자연보호연맹IUCN 은 2012년 현재 양서류 전체의 41퍼센트, 조초산호류 전체의 33퍼센트, 포유류 전체의 25퍼센트, 조류 전체의 13퍼센트가 곧 멸종될 위기에 처해 있다고 발표한 바 있다.

10
BILLION

현재의 멸종 속도는 자연적인 상황을 가정했을 때보다 1,000배 정도 빠르다고 할 수 있다.

다시 말해, 인간의 활동이 지구 상에 있는 다양한 생물들의 대량 멸종을 일으키고 있는 것이다. 이는 6,500만 년 전 공룡이 사라진 이후 가장 큰 규모의 대량 멸종이다.

신문이나 텔레비전 그리고 환경 캠페인에서 생물종 감소에 대해 강조하고자 할 때, 외로워 보이는 북극곰 한 마리가 아주 작은 얼음덩어리 위에 서 있는 사진을 쓰는 경우가 있다. 그 사진은 마치 '생물종 감소란 이런 것'이라고 보여주는 듯하다.

하지만 북극곰이 사라지는 것은, 말장난이 아니라, 그야말로 빙산의 일각에 불과하다. 우리가 더욱 관심을 기울여야 하는 것은 생물종의 다양성 훼손 그 자체다.

멸종
멸종률(단위: E/MSY)

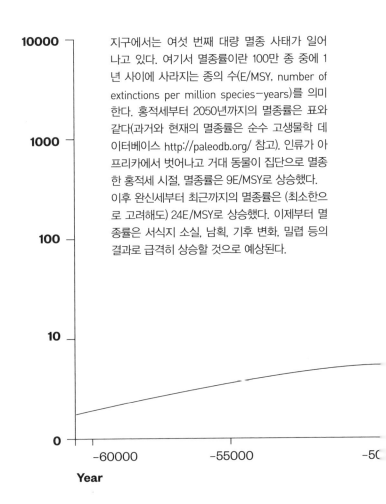

지구에서는 여섯 번째 대량 멸종 사태가 일어나고 있다. 여기서 멸종률이란 100만 종 중에 1년 사이에 사라지는 종의 수(E/MSY, number of extinctions per million species-years)를 의미한다. 홍적세부터 2050년까지의 멸종률은 표와 같다(과거와 현재의 멸종률은 순수 고생물학 데이터베이스 http://paleodb.org/ 참고). 인류가 아프리카에서 벗어나고 거대 동물이 집단으로 멸종한 홍적세 시절, 멸종률은 9E/MSY로 상승했다. 이후 완신세부터 최근까지의 멸종률은 (최소한으로 고려해도) 24E/MSY로 상승했다. 이제부터 멸종률은 서식지 소실, 남획, 기후 변화, 밀렵 등의 결과로 급격히 상승할 것으로 예상된다.

(S. 핌Pimm과 P. 레이븐Raven, '생물 다양성: 숫자로 본 멸종
Biodiversity: Extinction by numbers', 〈네이처Nature〉, 403 (2000);
A. 바노스키Barnosky 외, '지구의 여섯 번째 멸종은 이미 시작
되었는가?Has the Earth's sixth mass extinction already arrived?',
〈네이처〉, 471 (2011) 참고.)

−5000   AD1   2050

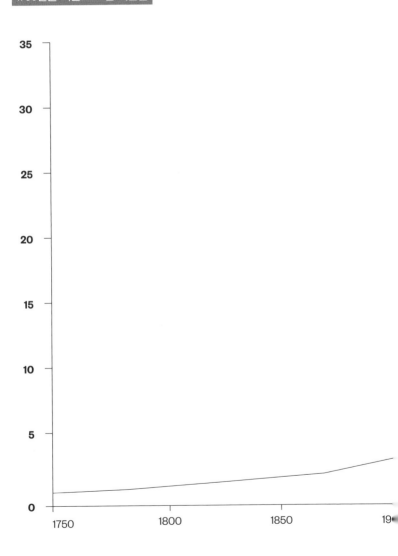

열대 우림과 삼림 지대 손실
1700년을 기준으로 한 백분율

열대 우림과 삼림 지대는 매년 더욱 빠른 속도로 사라지고 있다. 이러한 현상은 최소한 1700년 이전에 시작되었다(이 표는 1700년을 기준으로, 사라진 면적의 백분율을 보여준다). 이를 막으려는 여러 계획은 계속 실패해왔고, 앞으로도 성공하지 못할 것이다.

(스테펜Steffen 외, '인류세: 전 지구적 변화로부터 행성 관리까지The Anthropocene: From Global Change to Planetary Stewardship', 〈AMBIO〉, 2011년 10월 (스웨덴 왕립 과학원) 참고.)

1950   2000   2050

전 세계 해양 생물종 파괴
완전히 파괴된 어장(단위: 퍼센트)

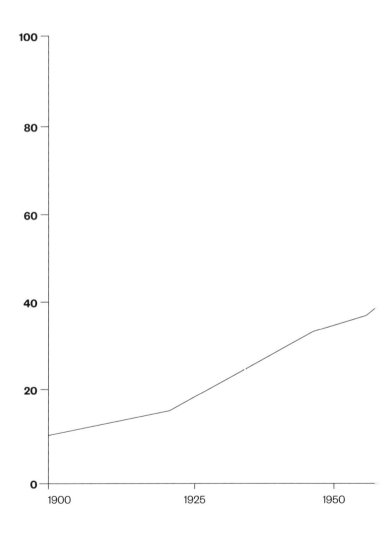

1900년 당시, 전 세계에 걸쳐 완전히 파괴(어류가 전혀 남지 않은 상태)되거나 과잉 개발(적절한 조치 없이는 완전히 파괴될 상태)된 어장은 10퍼센트 이하에 불과했지만, 이후 87퍼센트까지 늘어났다. 우리는 완벽히 복구되는 건 불가능할 정도로 계속해서 해양 생태계를 유린하고 있다.

(스테펜 외, '인류세: 전 지구적 변화로부터 행성 관리까지', 〈AMBIO〉, 2011년 10월 (스웨덴 왕립 과학원); 유엔 식량농업기구FAO, 〈2012 세계 수산양식 동향The State of World Fisheries and Aquaculture 2012〉(FAO, 2012); B. 웜Worm 외, '전 지구적 어장 재건Rebuilding global fisheries', 〈사이언스Science〉, 325(2009) 참고.)

1975 2000 2025

생물종 다양성이 훼손되는 이유는 '보호해야 할 중요한 가치'라는 인식이 부족하기 때문이다.

하지만 (우리가 빠르게 잃어가고 있는) 생물종 다양성은 생물 생존에 필요한 지구의 여러 기능을 형성하여 제공한다. 그러한 기능에는 수많은 '생태계 서비스'도 포함된다. 생태계 서비스란 물, 식량, 기후처럼 자연이 우리에게 '무상으로' 제공하는 것들을 가리키는 말이다.

생물종 다양성이 이 추세로 훼손된다면 결국 생태계 기능도 훼손
될 것이다. 생태계 기능이 훼손되면 생물 생존에 반드시 필요한
생태계 서비스도 제대로 기능하지 않을 것이다.

생태계 서비스가 제대로 기능하지 않으면 우리는 생존에 매우 심
각한 위협을 받게 될 것이다.

이제 식량 문제에 대해서 이야기해보자.

식량 수요가 증가하고 있다는 사실은 전혀 놀라운 일이 아니다. 정작 놀라운 것은 식량 수요 증가율이 인구 성장률보다 훨씬 더 가파르다는 사실이다.

이것이 왜 놀라운 것일까? 거기에는 세 가지 이유가 있다.

첫째 / 더 많은 사람들이 더 많은 식량을 먹고 있기 때문이다. 국내총생산GDP(한 나라와 그 국민의 부를 측정하는 표준 척도)이 늘어나면 칼로리 소비 역시 늘어난다. 우리는 부유해지면 질수록 (또는 가난에서 벗어날수록) 더 많은 식량을 소비하게 된다.

둘째 / 더 많은 사람들이 더 많이 먹을 뿐만 아니라, 각자 다른 방식으로 음식을 소비하기 때문이다. 특히, 브라질, 아프리카, 중국 등 개발도상국에서는 예전보다 육류를 더 많이 즐기는 사람들이 급속도로 늘어나고 있다.

셋
째

수많은 소비자들에게 먹는 행위가 즐거운 취미로 자리 잡았기 때문이다.

식량 생산과 토지 이용 문제는 점점 더 심각한 부담으로 자리 잡고 있다. 더 많은 육류를 소비한다는 것은 더 많은 콩이 생산되어야 한다는 것을 의미한다. 콩은 가장 중요한 동물 사료다. 콩을 사료로 쓰는 이유는 동물성 단백질을 생산하는 빠른 방법이기 때문이다. 그래서 가축 사료로 쓰일 콩 재배를 위한 토지 수요, 거기에 덧붙여 가축 사육을 위한 토지 수요가 급증하는 추세다. 이로 인해 토지의 무분별한 이용과 삼림 파괴라는 심각한 부작용이 드러나고 있다.

Soya plantation, Vilhena, Brazil.
대규모 콩 농장
빌례나 시
브라질.

결정적으로, 전 지구적 식량 생산 체계가 잘 유지되려면 안정적인 기후는 필수적이다. 하지만 현재 기후는 안정적인 것과는 거리가 멀다. 심지어 점점 더 불안정해져가고 있다.

그리고 다음과 같은 점을 생각해보자. 더 많은 식량을 생산하는 일 자체가 기후 변화를 가속화한다는 사실. 식량 생산 과정에서는 이산화탄소, 메탄, 아산화질소(이산화탄소보다 300배 정도 강력한 온실가스로, 비료 사용 시 부산물로 생성된다) 등의 온실가스가 생성되는데, 이는 인간 활동으로 만들어지는 온실가스 양 전체의 30퍼센트 정도를 차지한다. 제조업이나 운송업으로 생성되는 것보다 많은 양이다.

더 많은 식량 생산은 더 많은 온실가스 배출, 기후 변화 가속화, 극단적 기상 이변을 불러일으키게 된다. 이로 인해 우리 식량의 미래가 위협받게 될 것이다.

앞으로 어떤 일들이 닥칠지, 그 불길한 징후는 이미 드러난 바 있다. 2008년 오스트레일리아의 가뭄, 2010년 러시아와 동유럽의 가뭄, 2012년 미국(세계 최대의 곡류 생산국)의 가뭄 등. 극단적 기상 이변과 기록적인 무더위로 인해 전체 곡류 수확량은 20퍼센트에서 40퍼센트 정도 감소했다.

이는 선물시장先物市場에서 필수 식품 가격의 가파른 인상으로 이어졌다. 이 인상분은 고스란히 가계로 이어져, 특히 가난한 사람들에게 필수 식료품 가격은 훨씬 더 부담스러운 수준이 되었다.

현재 10억 명이 넘는 사람들이

극단적인 물 부족 상태에서 살아가고 있다.

하지만 우리의 물 소비량은 빠른 속도로 늘고 있다.

지구에 있는 사용 가능한 담수 중 무려 70퍼센트가

농업용수로 사용된다.

사용 가능한 담수의 상당 부분은 '대수층'이라고 불리는,
지하수가 있는 지층에서 충당된다.
현재 이 지하수는 보충되는 시간보다
더 빠른 속도로 (훨씬 더 빠른 속도로) 고갈되어가고 있다.
그런데도 이번 세기에 들어서면서 용수 사용량을
늘릴 수밖에 없는 상황이 계속해서 전개되고 있다.

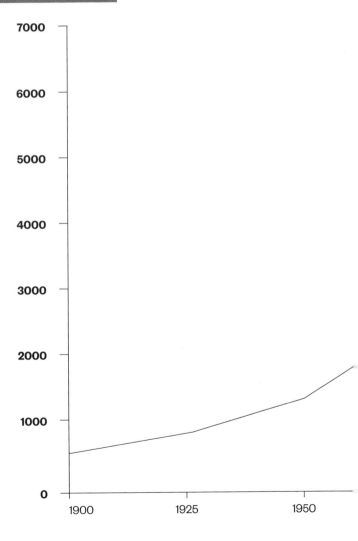

물 소비
(단위: 입방킬로미터km³, 연간)

인류의 물 소비량은 100년 전까지만 해도 연간 600입방킬로미터 수준이었다. 최근 들어서는 (적게 잡아도) 연간 4,000입방킬로미터이다. 2025년에 이르면 전 세계에서 연간 최소 6,000입방킬로미터의 물을 소비할 것으로 추산된다. 물 소비량 증가율은 인구 증가율의 두 배를 넘어서고 있다(데이터와 예상량은 취수량을 의미한다).

(유엔 환경계획UN Environment Programme 물 통계Water Statistics, 2008 ; 유엔 식량농업기구 참고.)

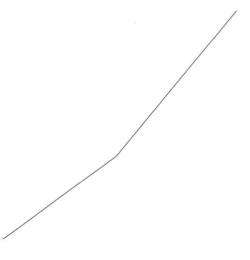

| | 2000 | 2025 | 2050 |

다른 용도로 쓰이는 물 사용량 역시 빠르게 증가하고 있다. 물 사용 증가의 주요 원인 중에 이제까지 거의 알려지지 않았던 부분을 짚어보자. 바로 '숨겨진 물'에 관한 것이다.

숨겨진 물은 일반적으로 물을 함유하고 있지 않다고 여겨지는 상품을 생산할 때 사용되는 물을 가리킨다. 그런 상품으로는 닭고기, 소고기, 면, 자동차, 초콜릿, 휴대전화 등이 있다.

예를 들어보자. 햄버거 한 개를 만드는 데는 3,000리터가량의 물이 쓰인다. 2012년 영국에서 소비된 햄버거만 해도 50억 개에 달한다. 영국에서만 15조 리터의 물이 필요했던 셈이다. 같은 해 미국에서는 대략 140억 개의 햄버거가 소비되었다. 미국에서 햄버거를 생산하는 데 무려 42조 리터 정도의 물이 쓰인 것이다. 그것도 단 1년 사이에 말이다.

닭고기 한 마리를 생산하는 데는 9,000리터가량의 물이 쓰인다. 2012년 영국에서만 대략 10억 마리의 닭이 소비되었다.

초콜릿 1킬로그램 생산에는 2만 7,000리터가량의 물이 쓰인다. 초콜릿바 한 개당 어림잡아 2,700리터의 물이 필요한 셈이다. 이는 우리가 잠옷 차림으로 소파에 몸을 기댄 채 초콜릿을 먹을 때도 고민해봐야 할 문제인 것이다.

그런데 잠옷에 대해서도 좋지 않은 소식이 있다. 유감스럽게도, 당신이 입는 면 소재 잠옷 한 벌을 만드는 데도 9,000리터의 물이 사용되기 때문이다.

커피 한 잔을 만드는 데도 100리터의 물이 쓰인다. 실제로 커피 잔에 붓는 물은 제외하고도 그 정도다. 2012년 영국에서 사람들이 마신 커피의 양은 200억 잔에 달한다.

그리고 (이는 모순 중의 모순인데) 1리터짜리 생수 페트병 한 개를 만드는 데 4리터 정도의 물이 쓰인다. 2012년 영국에서만 사람들은 생수 페트병 90억 개를 구입하여, 마시고, 버렸다. 괜히 쓸데없이 물이 360억 리터나 쓰인 셈이다. 물을 담기 위한 페트병을 생산하는 데 엄청난 양의 물이 낭비된 것이다.

노트북, 내비게이션, 전화기, 태블릿PC, 자동차 부품으로 흔히 쓰이는 칩 한 개를 만드는 데도 72리터가량의 물이 쓰인다. 2012년에만 이 칩이 30억 개 정도 생산되었을 것으로 추정된다. 2,000억리터의 물이 필요했던 셈이다. 반도체 칩을 만드는 데만 말이다.

//

요약하자면,
우리는
앞에서 살펴본 식량 문제처럼
도저히 감당할 수 없을 정도로
물도 많이 소비하고 있다.

'석유 생산 정점'이라는 용어가 점점 더 흔히 쓰이고 있다.
석유 생산량이 사상 최대가 되는 정점을 가리키는 말로, 그 이후
에는 생산량이 감소하기 시작할 것이다.
최근 들어, 이미 석유 생산 정점을 넘어선 상황이고, 이제부터 석
유와 천연가스가 고갈되어가면서 곧 전 세계적인 에너지 위기가
닥칠 거라는 주장이 널리 받아들여지고 있다.

하지만 이 주장은 사실이 아닐 가능성이 높다.

아직 남아 있는 석유와 천연가스의 저장량이 엄청나게 많다. 또한
매년 브라질에서부터 북극에 이르기까지 여러 지역에서 석유, 석
탄, 천연가스가 다량으로 매장된 곳이 새롭게 발견되고 있다. 게
다가 셰일석유와 셰일가스의 등장으로 이른바 '에너지 판도 변화
혁명'도 벌어지고 있다.

이런 이유로 나는 화석 연료 고갈 문제에 대해선 전혀 걱정하지
않는다. 오히려 화석 연료를 계속해서 사용하게 될까 봐 걱정이
다. 그럴 경우 기후 문제가 훨씬 더 빠른 속도로 심각해질 것이기
때문이다.

그런데 정말 놀랄 만한 일이 있다. 이것은 분명히 실화다. 2012년에 미국의 에너지 회사인 엑손(세계 최대의 정유 회사)은 러시아와 5,000억 달러 투자 거래 계약을 맺었다. 북극해와 러시아의 카라 해에 매장된 석유와 천연가스를 탐사 및 채굴하기로 한 것이다.

계약 체결의 배경은 다름 아닌 기후 변화다. 기후가 변화하면서 항상 두꺼운 얼음으로 덮여 있던 카라 해가 녹았던 것이다. 그에 따라 석유와 천연가스를 탐사하고 생산해도 경제적 타산이 맞게 되었다.

또한 미국의 버락 오바마 대통령은 '키스톤 엑스엘Keystone XL' 계획을 추진하여 캐나다 앨버타 주로부터 타르 모래 수입을 확대하기로 했다. 이로써 매일 캐나다산 타르 모래에서 추출된 석유 100만 배럴이 미국 소비자들에게 공급될 것이다.

영국도 마찬가지다. 영국 정부는 기후 변화를 막겠다는 공약을 저버리고, 석유와 천연가스 채굴을 위한 북해 시추 허가를 167건이나 내주었다. 이는 1967년 북해 석유 시추가 시작된 이래 가장 많은 허가 건수다.

영국 에너지부 장관인 존 헤이스는 이에 대해 다음과 같이 말했다. '석유와 천연가스 산업 역사상 가장 위대한 한 주였다. 북해의 매장량이 이미 정점을 찍고 줄어들고 있다는 소문이 나돌았지만, 이를 통해 여전히 많은 기회가 남아 있다는 사실이 입증되었다. 정부는 올바른 정책으로 투자자들에게 확신을 주고 있다.'

우리가 석유와 천연가스 소비만 늘려가고 있는 건 아니다. 석탄 소비도 마찬가지로 늘려가고 있다. 2012년 영국에서도 에너지 생산을 위한 석탄 소비량은 31퍼센트 정도 늘어났다.

우리의 정치인들, 기업인들과 우리 자신의 어리석음 때문에 우리는 앞으로도 석유, 천연가스, 석탄에 대한 파괴적인 집착에서 벗어나지 못할 것이다.

한편 여전히 수많은 사람들이 단지 살아가기 위해

매일같이 나무를 태우고 있다는 사실도 기억할 필요가 있다.

사실 아프리카 일부 지역에서 삼림이 파괴되는 주요 원인은 요리를 위해 나무를 사용하는 것이다. 아프리카와 아시아에서 나무와 석탄을 사용하여 요리를 함으로써 이른바 '탄소 검댕black carbon'(대개 그을음이다)이라 불리는 물질이 유례없이 다량으로 발생하고 있다. 요즘 들어 한 해 동안 발생하는 탄소 검댕의 양이 중세시대 전체를 통틀어 발생했던 것보다도 더 많은 실정이다.

이는 많은 개발도상국에서 심각한 문제로 부상하고 있다. 단기적인 기후 변동은 물론이고, 장기적인 기후 변화에도 심각한 영향을 미치고 있기 때문이다.

그렇다고 탄소 검댕이 매일 살아가기 위해 나무와 석탄을 태우는 가난한 국가의 가난한 국민들에게서만 발생하는 것은 아니다. 탄소 검댕은 부유한 국가(영국, 독일, 미국, 캐나다, 오스트레일리아)의 부유한 국민들에게서도 나온다. 비행기, 배, 자동차로 여행을 하거나 물건을 운송할 때 발생하는 것이다.

'탄소 검댕'은 개발도상국에서 (나무를 태워서) 발생하는 것과 선진국에서 (자동차, 비행기, 배, 각종 상품 제조 과정에서) 발생하는 것이 합쳐져 이른바 '대기 갈색 구름'을 형성한다.

대기 갈색 구름은 인간 건강에 매우 심각한 영향을 미쳐, 호흡기 질환, 질병은 물론이고 조기 사망까지 일으킬 수 있다. 대기 갈색 구름의 오염 효과로 전 세계에서 대략 30억 인구가 위협을 받고 있다.

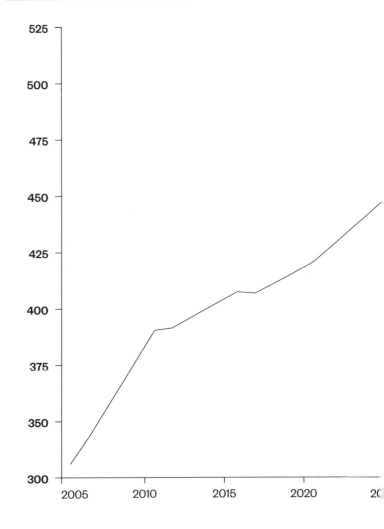

석탄 소비
연간 소비량 (단위: 1조 킬로칼로리^{kcal})

이산화탄소 배출의 가장 주된 원인 중 하나인 석탄 사용량이 매년 증가하고 있다. 석탄은 상품 생산과 전력 공급에 사용된다. 2011년과 2012년 사이에 미국의 대(對)중국 석탄 수출량은 두 배 증가했다. 이 석탄은 중국에서 미국인이 사용할 상품을 제조하는 공장에 전력을 공급하는 데 사용되었다. 그렇게 만들어진 상품은 다시 미국으로 역수출되었다. 미국이 이산화탄소 배출을 수출하고 있는 것이다. 인류는 여전히 석탄, 석유, 천연가스 의존에서 벗어나지 못하고 있다.

(미국 에너지 정보국US Energy Information Administration, 〈국제 에너지 전망 2011Inter-national Energy Outlook 2011〉(미국 에너지 정보국, 2011) 참고.)

| 030 | 2035 | 2040 | 2045 | 2050 |

Hong Kong.
홍   콩.

자동차가 발명된 이후 자동차 생산 대수는 20억 대를 넘어섰다.
현 추세대로라면 향후 40년 안에

<u>40억 대 안팎의 자동차가 추가 생산될 것으로 보인다.</u>

자동차를 생산하는 데 드는 비용은 어느 정도인가?

폭스바겐, 포드, 도요타 등 완성차 업체에서는
1,400만 원 남짓이면 자동차 한 대를 구입할 수 있다고 말한다.
그 가격은 자동차 한 대를 생산하는 데 발생하는 비용과
일치하지는 않는다. 이에 대해 더 자세히 살펴보자.

VW lot, Texas.
폭스바겐
차량 보관소
텍사스 주.

Used cars.
용도 폐기된
차량.

Tyre pile, California.
폐타이어 더미
캘리포니아 주.

먼저 자동차 강판을 만드는 기본 원재료인 철광석을 (오스트레일리아 같은 나라에서) 채굴해야 한다. 그다음 이 철광석을, 오염 물질을 대량 배출하는 대형 선박에 실어 인도네시아나 브라질 같은 나라로 보내 철강으로 가공한다.

가공 생산된 철강은 또다시 오염 물질을 대량 배출하는 대형 선박에 실려 독일 등지에 있는 자동차 공장으로 운송된다.

타이어도 제조되어야 한다. 먼저 고무는 말레이시아, 태국, 인도네시아에서 생산된다. 그다음 이 고무를, 타이어를 만드는 나라로 보내야 한다.

자동차 대시보드를 만드는 데 쓰이는 플라스틱은 땅속에 있는 석유로 만든다. 따라서 플라스틱을 생산하려면 석유를 채굴해 (오염 물질을 대량 배출하는 대형 선박으로) 수송해야 한다. 생산된 플라스틱은 자동차 공장으로 옮겨져 대시보드의 형태를 갖추게 된다.

자동차 시트는 동물 가죽으로 만든다. 가죽 생산에 필요한 동물 (특히 소)을 키우려면 많은 물과 먹이가 필요하다. 동물들은 브라질을 비롯한 여러 나라에서 사육된다. 그리고 동물 가죽은 인도를 비롯한 여러 나라로 보내져 가공 처리된다(칸푸르는 인도에서 빠르게 성장하고 있는 가죽 산업의 중심 도시다. 이곳에서 영국, 유럽, 미국에서 쓰이는 자동차 시트와 핸드백용 가죽이 생산된다. 가죽 가공 공장에서 배출하는 염산과 크롬 그리고 혼합 화학 물질로 인해 대기와 갠지스 강이 오염되고 있다). 이렇게 가공된 가죽은 이후 공장으로 보내져 자동차 시트 덮개를 만드는 데 사용된다.

배터리에 들어가는 납은 중국을 비롯한 여러 나라에서 채광된 뒤, 공장으로 옮겨져 배터리로 만들어진다. 이 배터리는 오염 물질을 대량 배출하는 대형 선박에 실려 독일이나 미국 등에 있는 자동차 공장으로 운송된다.

아직 자동차 한 대도 조립하지 못했는데 벌써 이 정도다. 또한 완성된 자동차를 소비자가 구매할 수 있도록 운송해야 하는 문제도 남아 있다.

여러분이 자동차를 사서 휘발유 1리터를 넣기도 전에, 이미 기후 문제에 악영향을 미치기 시작한 것이다.

자동차를 생산하는 데 드는 비용이 얼마냐고? 상상도 못할 정도의 거금이다.

앞에서 살펴본 것처럼 채광, 산업 공정, 운송 과정에서 다량의 오염 물질이 배출되어왔다. 그 결과 생태계가 파괴되고 기후 변화가 일어났다. 하지만 여러분은 자동차를 생산하는 데 실제로 발생한 비용(즉, 환경 파괴 피해 비용)을 모두 지불하지 않는다. 경제학자들은 이를 '외부효과externalities'라고 일컫는다.

하지만 지금 당장 지불하지 않았을 뿐이다. 이 비용(자동차 생산으로 발생한 비용, 자동차를 생산하는 데 들어간 실제 비용)은 미래 언젠가 누군가가 지불해야 할 것이다.

당신이 직접 지불해야
할지도 모르지만,
당신 아이들의 몫이 될
가능성이 더 높다.

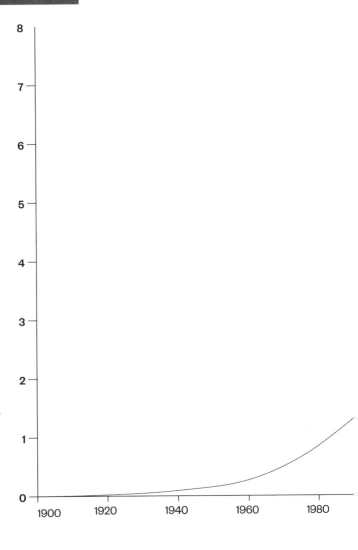

교통
차량 대수(단위: 10억)

1900년에서 2012년 사이에 생산된 차량(승용차, 버스, 트럭) 대수는 대략 25억 대에 달한다. 2050년이 되면 40억 대의 새 차량이 추가로 생산될 것으로 보인다(연평균 2.5퍼센트의 증가율을 기준으로 추정한 것이다. 1998~2011년 연평균 증가율은 3.27퍼센트였다).

(세계자동차공업연합회Organisation Internationale des Constructeurs d'Automobiles, OICA, 다게이Dargay 외, '전 세계적인 차량 소유와 수입 증가: 1960~2030Vehicle ownership and income growth, worldwide: 1960-2030' 참고. 추산은 지은이가 함.)

2020	2040	2060	2080	2100

올 한 해 인류는
무려 6조 킬로미터를
비행하게 될 것이다.

장거리 왕복 비행에 100톤의 연료가 쓰이는 것을 고려할 때,
이로 인해 상당히 많은 양의 오염 물질과
온실가스가 배출되고 있다는 사실을 알 수 있다.

Twenty-four hours of air traffic.
항공 교통의 24시간.

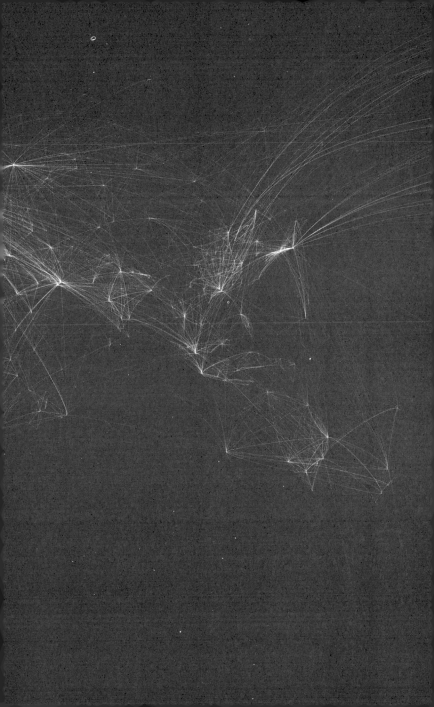

우리가 사용하는 상품이 존루이스, 테스코, 웨이트로즈, 아마존, 월마트, 베스트바이 등의 대형 소매점에서 직접 배송되는 게 아니라는 사실을 되새길 필요가 있다. 우리가 구입한 상품은 중국, 모로코, 브라질, 터키, 스페인, 한국, 페루 같은 나라에서 온다. 그것이 식용 아스파라거스이든 잠옷이든 가전제품이든 상관없이 말이다.

올 한 해 일본과 독일제 자동차, 남아프리카공화국산 오렌지, 페루산 아스파라거스, 케냐산 절화切花에서부터 모로코와 베트남에서 제조된 티셔츠와 드레스, 중국이나 한국에서 생산된 운동화, 음악 재생기, 노트북컴퓨터, 휴대전화, 텔레비전까지, (우리가 소비하게 될) 상품이 무려 컨테이너 5억 대에 실려 전 세계 곳곳으로 운송될 것이다. 게다가 우리가 소비할 상품을 만들 원재료(금속, 인산염, 곡류, 석유, 천연가스, 석탄 등) 수십억 톤도 마찬가지로 운송될 것이다.

바로 지금,
기후는 점점 더 빠른 속도로
변화해가고 있다.

우리는 지구 체계(기후는 지구 체계의 한 구성요소다) 안에서 점점 더 빠른 속도로 진행되는 변화에 대해 보다 더 정확한 진단을 내려야 한다.

변화에 따른 영향은 고위도 지방에서 가장 적나라하게 드러난다. 우리의 미래가 궁금하다면, 가장 먼저 들여다봐야 할 곳이 북극이라는 얘기다. 그리고 북극의 상황은 좋지 않아 보인다.

북극의 해안선은 매년 0.5미터에서 최대 30미터까지 후퇴하고 있다. 그린란드와 남극의 빙원도 매년 4,750억 톤가량이 녹아 바다로 흘러들어가고 있다. 이는 결국 해수면이 높아지는 결과로 이어질 것이다.

설상가상인 것은 우리의 활동으로 인해 해빙海氷이 녹으면서 북극해에서 메탄가스가 다량으로 방출되고 있다는 사실이다.

사상 처음으로 동시베리아 북극 대륙붕 지역에서 예전에는 냉동 저장되어 있던 메탄가스가 새어나와 100개 이상의 기둥을 형성하며 올라오는 것이 관찰되었다. 일부 기둥은 지름이 1킬로미터도 넘었다. 이 현상을 발견한 과학자는 "이제까지는 볼 수 없었던… 엄청난 규모다"라고 묘사하며, 메탄가스 기둥이 수천 개에 이를 것으로 예측했다.

이는 대대적으로 매우 심각한 문제가 될 것이다.

메탄가스는 이산화탄소보다 몇 배는 더 위험한 온실가스다. 우리의 활동이 해빙을 녹게 만들면서 이제는 이러한 메탄가스의 방출까지 일으키고 있다. 이 방출은 수십 년간 지속될 것이다. 그리고 우리는 이를 완전히 중단시킬 수 없을 것이다.

북극에서 수집되는 거의 모든 데이터는
상황이 점점 더 악화(그것도 심하게 악화)되고
있다는 것을 보여준다. 심지어 10년 전에 예상했던
최악의 상황보다도 더욱 좋지 않은 실정이다.

그런데 이는 단지 북극만의 얘기가 아니다.
모든 곳에서 상황이 심하게 악화되고 있다.

이런 문제를 생각해보자.

바로 지금,

지구 상 모든 나무에 매달린 모든 잎은

수백만 년 동안 지구에 존재하지 않았던 수준의 많은

이산화탄소에 노출되어 있다.

이에 지구의 식물들이 어떻게 반응할 것인가?

이는 우리가 온전하게 이해할 수 있는 단순한 문제가 아니다.

이는 결정적으로 중요한 문제다.
지구의 식물(숲)은 이른바 '전 지구적 탄소 순환'의
주요 구성요소이기 때문이다.

전 지구적 탄소 순환이란 지구 내 탄소(매년 수천억 톤에 달하는 탄소)를 다루는, 거대하고 매우 복잡한 체계다.

중요한 것은 전 지구적 탄소 순환이 기후 변화 속도를 늦춰준다는 점에서 70억 인류에게 크게 기여하고 있다는 사실이다. 지구의 식물과 해양은 인류가 배출하는 이산화탄소의 절반가량을 처리한다(산업혁명 이후 탄소 순환의 균형이 깨어져 가고 있다). 나머지 절반가량은 대기 중에 남는다. 이 이산화탄소가 기후 변화를 일으키는 주요 원인이다.

그런데 전 지구적 탄소 순환의 축복도 어느덧 끝나가는 듯하다.

삼림 파괴 같은 인간의 활동이 늘어나면서, 인간이 유발하는 기후 변화가 심해졌고, 그 결과로 전 지구적 탄소 순환이 균형을 잃어 가고 있다. 탄소 '저장량'(흡수)보다 공급량(방출)이 늘어나고 있는 것이다. 이로 인해 기후는 점점 더 빠른 속도로 변화하게 될 것이다.

전 지구적 탄소 순환은 우리를 비롯한 지구 상 거의 모든 생물종이 생존하는 데 절대적으로 중요하다.

우리는 지금 전 지구적
탄소 순환의 모든 구성요소들을
뿌리째 변화시키고 있다.

심지어 〈이코노미스트^{The Economist}〉도 기후 변화로 발생하는 비용이 막대하다는 점을 지적해왔다. 최근에는 자원의 과잉 개발, 특히 북극 지방에서의 금속 채광 및 석유와 천연가스 채굴로 치러야 하는 비용에 대해 다뤘다. 자원 과잉 개발이 기후 변화 속도를 훨씬 더 빠르게 만든다는 것이다. 이는 생태계 전체를 상상도 할 수 없을 만큼 심하게 훼손할 것이고, 결국 미래에 식량, 물, 생태계 서비스 문제를 해결하려면 상상도 할 수 없을 만큼의 많은 비용이 발생할 수밖에 없다. 그 비용을 어떻게 충당할 것인지 계획조차 세우기 어려울 것이다. 〈이코노미스트〉의 결론은 다음과 같다(수정 인용).

'단독으로 책임지길 바라는 나라는 없다. 하지만 모든 나라가 북극 지역에서 수익을 내는 데 만족하고 있다. 이는 모두가 함께 망쳐버린 비극의 교과서적인 예다. 그 비극은 다름 아닌 기후 변화다.'

과학계 전체가 우리가 현재 궁지에 처해 있다는 건 너무나도 확실한 사실이라고 지적한다. 우리는 심각한 곤경에 처해 있다.

그리고 바로 지금, 세계 인구가 100억을 향해 계속 늘어가면서 우리는 어떤 일이 벌어질지 짐작조차 할 수 없는 미궁 속으로 빠져들고 있다.

한 가지 예측할 수 있는 것은 상황이 점점 더 나빠지고 있다는 것뿐이다.

인구 증가로 인해,
그리고 우리가 벌이는
활동으로 인해,
도대체 우리는 앞으로
어떠한 난관에 부딪히게 될까?

토지 문제는 단순하다. 우리는 이미 지구 상에 존재하는 농토를 모두 이용하고 있다.

하지만 식량 재배용 토지 수요는 2050년까지 (최소한) 두 배, 그리고 이번 세기말에는 (최소한) 세 배 증가할 것이다.

이는 시간이 흐를수록 지구에 남아 있는 열대림(우림)을 파괴하여 활용하자는 압력이 거세질 수밖에 없다는 것을 의미한다. 열대림은 대규모 농작이 가능한, 남아 있는 유일한 땅이기 때문이다. 삼림 파괴가 끝나기 전에 시베리아 동토凍土가 녹지 않는다면 말이다.

2050년까지 인구 증가로 인해 늘어나는 식량 수요를 감당하기 위해 대략 10억 헥타르의 땅이 개간될 것이다. 10억 헥타르면 미국 전체 면적보다도 넓은 땅이다. 이는 매년 30억 톤에 달하는 이산화탄소가 배출되는 결과를 초래할 것이다.

만약 남아 있는 열대림의 파괴가 다 끝나기 전에 시베리아가 녹는 다면, 그 결과로 엄청나게 넓은 면적의 새로운 농지가 생기고, 광석, 금속, 석유와 천연가스 등 매우 풍요로운 자원의 보고가 열리게 될 것이다. 그 과정에서 국제 사회의 지정학적인 변화가 일어날 것이 분명하다. 시베리아가 녹게 되면 러시아는 이번 세기에 단연 돋보이는 경제적, 정치적 강국으로 변모할 것이다. 광석이라든지 농업 자원과 에너지 자원이 새롭게 다시 확보될 것이기 때문이다. 또한 (지금은 시베리아 툰드라 지대의 영구 동토층 안에 봉인되어 있는) 방대한 양의 메탄가스 방출도 피할 수 없어, 우리의 기후 문제를 훨씬 더 심각하게 만들 것이다.

한편, 새로 늘어난 인구 30억 명이 살 수 있는 곳이 필요하게 될 것이다.

2050년쯤이 되면 인류의 70퍼센트가 도시에서 살게 될 것으로 보인다. 이번 세기에는 도시가 빠르게 확장될 것이고, 이제껏 존재하지 않던 완전히 새로운 도시가 등장할 것이다. 지난 10년 사이 브라질에서 인구가 두 배 이상 늘어난 도시는 무려 19개나 된다. 그중 10개는 아마존에 있는 도시다. 이들 도시는 모두 더욱 많은 토지를 사용하게 될 것이다.

음식 문제 또한 단순하다.

우리가 지금처럼 왕성하게 먹는데도,
농업 체계는 현 수준을 유지할 경우,
100억 명이나 되는 사람을 먹여 살릴 방법은 없다.

사실, 앞으로 40년 동안 우리가 단지 끼니를 거르지 않는 데만도, 과거 1만 년 동안 생산된 농산물 전체를 합친 것보다 더 많은 식량이 필요할 것으로 보인다.

하지만 식량 생산성은 점점 감소하고 있다. 더구나 향후 수십 년 안에 매우 급격히 감소할 수도 있다.

도대체 왜 그러한가? 거기에는 세 가지 이유가 있다.

1

기후 변화 때문이다. 기후 변화로 인해 기상 악화 상황이 더 극단적으로, 더 빈번히 발생할 것이다(이미 유례없는 폭염, 가뭄, 홍수가 일어나고 있다). 이 경우 전 세계 대부분의 지역에서 수확량이 점점 감소하게 된다.

2

비옥했던 땅이 점점 메말라가고 사막화되어가고 있기 때문이다.
이런 현상은 전 세계 대부분의 지역에서 급격히 증가하고 있다.
물 부족, 오염(화학 비료 남용 등의 이유로 농경지 표면이 염류 결
정으로 하얗게 변하는 염류 집적 현상 등을 포함한다), 극단적인
기상 악화, 지나친 경작과 방목 등이 가져온 결과다.

3

물 부족 때문이다. 기후 변화로 인해 가뭄이 보다 더 빈번하고 더 심하게 발생하면서, 인구 증가로 숨겨진 물과 기타 용수의 사용량이 급격히 늘어나면서, 모든 것에 대한 소비가 많아지면서, 물 부족 현상이 점점 더 심각해지고 있다.

올해 아니면 내년 또는 향후 10년간 어떤 일이 벌어질지 예측하려면, 2008년 오스트레일리아, 2010년 러시아, 2012년 미국에 있었던 폭염 현상이 어떤 결과를 가져왔는지 다시 한 번 확인할 필요가 있다. 당시 폭염으로 인해 곡물 수확이 40퍼센트 가깝게 줄었고, 가축 수만 마리가 떼죽음을 당했다.

2010년 폭염 때, 러시아 정부는 곡물 수출을 금지한 바 있다. 이로 인해 농산물 시장에는 극심한 혼란이 생겼고, 식량 가격이 유례없이 상승했으며, 심지어 아시아와 아프리카에 식량 폭동이 발생했다(이는 흔히 '아랍의 봄'이라고 불리는 시위의 원인이 되었다).

Food riots, Algeria, 2011.
식량 폭동, 알제리, 2011년.

앞으로 우리 식량의 미래를 위협할 두 가지 위기가 분명히 닥쳐올 것이다. 첫 번째 위기는 인산염과 관련되어 있다. 우리는 식량을 생산할 때 거의 전적으로 인산염 비료에 의존한다. 그런데 인산염은 보존량이 유한하여, 이번 세기 안에 고갈될 것이 거의 확실하다. 고갈 '여부'가 아닌 고갈 '시기'의 문제인 것이다. 인산염에 대한 의존이 지나치기 때문에, 인산염이 바닥나게 되면 전 세계 인류가 다 먹을 수 있을 만큼의 식량 생산은 불가능해질 것이다.

두 번째 위기는 농작물 수확을 망치는 새로운 곰팡이병원균의 출현과 관련이 있다(이는 가축에게도 해를 끼칠 가능성이 있다). 이제까지는 트리아졸이라고 불리는 화학 물질만으로도 모든 주요 곰팡이병원균이 농작물에 곰팡이병을 일으키는 것을 효과적으로 막을 수 있었다. 하지만 곰팡이병원균들이 트리아졸에 저항할 수 있을 정도로 빠르게 진화하고 있다. 트리아졸이 효과가 없게 될 경우, 우리는 대규모 기근에 시달리게 될 위험이 있다.

물　　문　제　는　　다　음　과　　같　다　.

이번 세기가 끝나갈 때쯤에는, 지구 대부분의 지역에서 사용 가능한 물이 사라지게 될 것이다.

기후 변화가 심해지면서, 식량 수요가 늘어나면서, 인구가 팽창하면서, 그 결과로 수십억 인구가 극단적인 물 부족 상태에서 살아갈 가능성이 매우 높다.

무엇보다, 인간의 활동과 인간이 유발한 기후 변화로 인해 전 지구적 '물 순환'이 전례 없는 큰 규모로 변화하고 있다. 이 변화는 이번 세기 내내 점점 더 심해질 것으로 보인다. 그 결과 사용 가능한 물 확보에 매우 심각한 어려움을 겪게 될 것이다.

둘째, 지하수(농업용수 공급에 매우 중요하다) 사용이 빠르게 늘어나고 있다. 지하수가 보충되는 또는 보충될 수 있는 시간보다 훨씬 더 빠른 속도로 소모되고 있는 것이다. 지하수 부족은 매우 위험한 현상으로, 점점 더 심각해지고 있다. 이 문제를 물줄기 방향 전환, 인공 지하수 공급 그리고 '효율적인' 관개술 개발 등 '기술 혁신'으로 해결하려는 노력은 모두 실패했다.

게다가, 지구의 빙하와 눈 덮인 땅속에 비축되어 있던 담수 양은 이번 세기 내내 놀라울 만큼 빠른 속도로 줄어들 것이다.

그리고 수온이 소폭 상승하고, 가뭄과 홍수를 불러일으키는 극단적 기상 이변 현상이 잦아지고 있다. 또한 비료, 금속, 공업용 물질 등으로 인해 수도 시설 오염이 심각해지고 있다. 이 모든 게 수질에 심각한 영향을 미친다(즉 물을 사용할 수 없도록 만든다). 수질 오염은 다양한 형태로 심각하게 악화되고 있다.

나는 물 문제가 농업,
인류의 건강, 생태계에
매우 부정적인 결과를
가져오는 것을
막을 수 없을까 봐 두렵다.

이번 세기에 들어서면서 전 세계적으로 자동차 생산, 항공 교통, 운송 양이 다 함께 엄청나게 늘어났다는 사실에 놀랄 사람은 거의 없을 것이다.

먼저, 이번 세기에는 20세기에 생산된 차량 대수보다 최소 세 배 이상 많은 수의 차량이 생산될 것이다. 또한 국제 운송과 항공 교통의 양은 매년 계속해서 가파르게 증가할 것이다. 해를 거듭할수록 지구를 둘러싸고 더욱 많은 사람이 이동할 것이고, 더욱 많은 물건이 우리의 필요에 따라 운송될 것이다.

이로 인해 우리는 거대한 문제에 직면하게 될 것이다. 이산화탄소와 탄소 검댕이 더욱 많이 방출되고, 자원을 채굴하여 상품을 제조하는 과정에서 더욱 많은 오염 물질이 발생할 수밖에 없기 때문이다.

여기서 이런 문제에 대해서도 생각해보자. 우리와 우리의 물건이 지구 전역으로 이동하는 과정에서 치명적인 질병을 매우 쉽게 전 세계로 퍼뜨리는 연결망 또한 형성되고 있다는 사실을.

정확히 95년 전에 전 세계를 강타한 유행병이 있었다. 바로 스페인 독감이다. 이제까지 이 독감으로 사망한 사람은 1억 명이 넘는 것으로 추정된다. 심지어 이때는 저가 항공이 운영되기 훨씬 전의 이야기다(저가 항공이 과연 인류에게 유익한 혁신 산업인지 의문이 든다).

현재 매일 전 세계를 여행하는 사람들은 수백만 명에 이른다. 또한 돼지나 가금류와 붙어 지내는 사람들도 수백만 명에 이른다(때로는 같은 공간에 머물기도 한다. 이로 인해 새로운 바이러스가 쉽게 인류에게 퍼지게 된다). 이 사실은 우리가 새로운 전 지구적 유행병의 발생 가능성을, 매우 심각하게, 스스로 높여가고 있다는 것을 의미한다.

그래서 새로운 전 지구적 유행병의 발생은 피할 수 없는 현실이며, 문제는 그 '시기'일 뿐이라는 견해가 역학자들 사이에서 점점 더 세를 얻고 있다.

에너지 문제는 단순하다.

이번 세기말에 예상되는 수요에 맞추려면 지금보다 (최소한) 세 배 이상의 에너지를 생산해야 한다.

이 수요를 충족하려면, 어림잡아 다음과 같은 수준의 시설을 건설해야 한다.

세계에서 가장 큰 댐 1,800개, 또는
원자력 발전소 2만 3,000개,
풍력 발전기 1,400만 개,
태양 전지판 360억 개.

아니면 계속해서 석유, 석탄, 천연가스를 주요한 에너지 공급원으로 사용할 수도 있다. 이 경우 발전소를 3만 6,000개 더 지어야 한다.

지금 남아 있는 석유, 석탄, 천연가스의 가치는 수조 달러에 달한다. 각국 정부와 세계 주요 석유, 석탄, 천연가스 회사(이 중 일부는 지구 상에서 가장 영향력 있는 기업에 포함된다)에서 이 막대한 돈을 그냥 땅속에 묻어두겠다는 결정을 정말로 내릴 수 있을까? 에너지 수요가 끊임없이 증가하는데도?

이 에   대 해   난   회 의 적 이 다 .

최근 들어 기후에 나타나는 문제는

그 차원이 이제까지와는 완전히 다르다.

전 지구적 기후 체계에 큰 위기를 불러올

다수의 '주요 전환점 tipping point'이 임박했음을

보여주는 징후일 것이다.

지구 체계 등의 복잡계에서는 한 가지 중요한 특징이 공통으로 나타난다. 바로 매우 작은 변화('섭동')가 예측이 불가능할 정도로 엄청나게 큰 충격을 일으킬 수 있다는 점이다. 그 결과 체계는 이제까지와는 완전히 다른 예측할 수 없는 상태로 '뒤집히게' 된다.

곧 다가올 주요 전환점 중 한 가지만 짚어보자. 지구 평균 기온이 섭씨 2도 이상 상승하는 지점이다.

유엔 정부간기후변화위원회의 주도로 전 세계가 정치적 합의를 이룬 공동 목표가 있다. 바로 지구 평균 기온이 섭씨 2도 이상 상승하는 것을 막자는 것이다. 이를 목표로 삼은 이유는 섭씨 2도 이상 기온이 상승하면 재앙적인 기후 변화가 일어날 심각한 위험에 처하게 되기 때문이다. 그린란드에선 빙붕氷棚이 녹고, 북극권 툰드라 지역에선 냉동 저장되어 있던 메탄가스가 방출되며, 아마존에선 잎마름병이 퍼지는 등의 현상이 벌어지면서 지구는 돌이킬 수 없는 '전환점'을 넘게 될 것이 분명하다.

사실 그린란드와 북극권 툰드라 지역에서는 이미 이런 현상이 나타나고 있다(기온이 이미 2도 가까이 상승해 있다). 기후 변화로 인한 아마존 지역 잎마름병은 발생하지 않을 수도 있다. 그 전에 이미 대규모 삼림 파괴가 벌어지고 있으니 말이다.

불행히도 최근 연구 결과에 따르면 지구 평균 기온은 2도 이상 (그보다 훨씬 더 높이) 상승할 것이 확실해 보인다.

이제 지구 평균 기온이 4도 상승한 미래를 맞이하는 것은 피할 수 없는 현실로 보인다. 6도 이상 상승할 가능성도 배제할 수 없는 상황이다.

지구 평균 기온이 4도에서 6도 정도 상승하면 엄청난 재앙이 닥쳐올 것이다. 그로 인한 기후 변화는 통제 불가능한 수준이 될 것이다. 이는 지구를 이제까지와는 전혀 다른 상태로, 빠르게, 변화시킬 수 있다. 지구가 생지옥이 될 수도 있다.

향후 다가올 수십 년 안에, 우리는 전례 없는 극단적인 날씨, 화재, 홍수, 폭염, 농장과 숲의 손실, 물 부족, 재앙적인 해수면 상승 등을 마주하게 될 것이다.
운이 좋아서 지구 평균 기온이 4도에서 6도 정도 상승하지 않는다고 해도, 이번 세기말이 되면 방글라데시라는 이름의 나라는 사라지게 될 것이 거의 확실하다. 방글라데시는 물에 잠길 것이다.

아프리카 대부분의 지역은 영원히 재난 지역으로 남을 것이다. 아마존은 초원으로, 심지어 사막으로도, 변할 수 있다. 그리고 전체 농업 체계는 사상 초유의 위협에 처하게 될 것이다.

아시아의 홍수
10년 단위 대형 홍수 발생 횟수

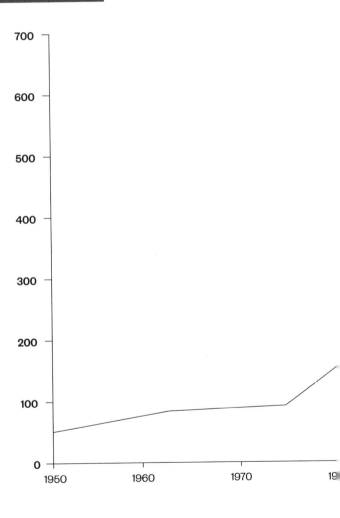

극단적인 기상 이변 발생 횟수가 급격히 증
가하고 있다. 1950년대 아시아에서는 10년간
50건의 대형 홍수가 발생했지만, 최근 10년
사이에는 700건 가깝게 일어났다. 인간이 초
래한 (인위적인) 기후와 지구 체계 전체의 변
화가 이런 현상을 초래했다는 건 부인할 수
없을 만큼 확실한 사실이 되었다.
(국제통합산지개발센터ICIMOD와 유엔 환경계획 지구연
구정보 데이터베이스 아렌달 센터Grid Arendal, 2010; 〈새
천년 생태계 평가 보고서Millennium Ecosystem Assessment
Report〉, 2005 참고.)

1990   2000   2010   2020

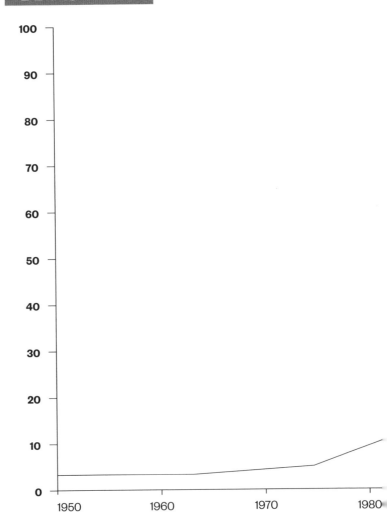

아메리카 대륙의 대형 화재
10년 단위 대형 화재 발생 횟수

아메리카 대륙 내 대형 화재 발생 횟수가 급격히 증가하고 있다. 1950
년대 아메리카 대륙에서는 10년간 2건의 대형 화재가 났지만, 최근 10
년 사이에는 88건이 발생했다.
(미국 국가기관 화재 협력 센터US National Interagency Fire Center, 2010; 〈새천년 생태계 평가
보고서〉, 2005 참고. 2000~2010년 데이터는 미국에만 해당하는 것이다.)

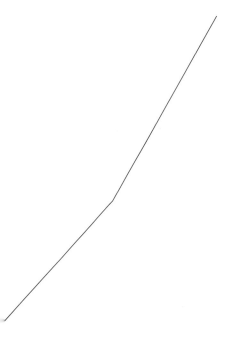

1990   2000   2010   2020

영국, 미국 그리고 유럽 대부분의 국가들처럼 보다 '운 좋은' 나라
는 군사적으로 중무장하게 될 가능성이 높다. 특히 국경 통제를
강화할 것이다. 자기 나라에선 더 이상 살 수 없게 된 수백만의 사
람들이 이동할 것이기 때문이다. 그들은 물 부족, 식량 부족과 함
께, 부족한 자원을 서로 차지하려는 무력 충돌을 겪게 될 것이다.

이들은 '기후 이민자 climate migrants'가 될 것이다. '기후 이민자'라는
단어는 점점 더 흔하게 쓰이게 될 것이다.

향후 국제 정세의 변화를 예측하면서 한 국가 안에서나 국가 간에
무력 충돌이 일어날 가능성이 높지 않다고 보는 사람들은 스스로
를 속이고 있는 것이다.

최근 들어 기후 변화를 주제로 한 과학 콘퍼런스에 참석하면 새로운 유형의 참가자들이 눈에 띈다. 바로 군인들이다. 이런 현상은 결코 우연이 아니다.

어떤 면을 살펴보아도,
100억이 함께 사는 지구는
악몽이라고 할 수밖에 없다.

전 지구의 생태계가 재앙적인 '전환점'을 맞이하게 될 것이다. 아니, 이미 그러한 전환을 겪고 있다. 그에 대한 명백한 증거가 나오고 있다. 매우 우려스러운 상황이 아닐 수 없다.

자, 이제 우리는
어떤 선택을 해야 하는가?

개인적으로 두 가지 선택이 있다고 생각한다.
첫째는 그로부터 벗어나기 위한 혁신적 기술을 개발하는 것이다.
둘째는 인류의 활동을 근본적으로 변화시키는 것이다.

악몽에서 벗어나기 위해 혁신적 기술을 개발하는 것부터 살펴
보자.

이는 '이성적인 낙관론자'들의 의견이다. 이성적인 낙관론자들은
과거에도 (맬서스나 에를리히가 주장한 것과 같은) 멸망론이 있
었지만 결국 사실이 아닌 걸로 판명되지 않았냐고 주장한다. 더
구나 우리가 지능이 높고 창조력이 뛰어나기 때문에 어떤 경우
에서도 인구 문제를 벗어날 기술을 개발할 수 있을 거라고 본다.
예를 들어, 1950년대와 1960년대 인구 폭발로 일어난 식량 위기
도 기술 혁신으로 녹색혁명을 이룸으로써 극복했다는 것이다.

과연 기술 혁신으로 우리의 문제를 극복할 수 있는지 그 여부는 나중에 다루기로 하고, 먼저 어떤 기술 혁신이 논의되고 있는지부터 살펴보자.

기본적으로 다섯 가지의 방안이 있다.

1. 녹색 에너지
2. 원자력
3. 담수화
4. 지구공학
5. 제2의 녹색혁명

'녹색 에너지'란 풍력, 파력波力, wave power, 태양열 발전, 수력, 생물 연료 등을 가리킨다. 때로는 '재생 에너지'라고 불리기도 한다. 현재의 녹색 에너지 기술이 지구를 살릴 해결책이 될 가능성은 매우 희박해 보인다. 그런 일은 결코 일어나지 않을 것이다.

현재의 녹색 에너지 기술로 우리가 요구하는 에너지 수요를 감당한다는 것은 상상하기조차 어렵다. 예를 들어, 차세대 실리콘 태양 전지(태양열 전지판)를 만들려면 수많은 금속과 희토류를 집중적으로 채굴해야 한다. 그 금속을 채굴하는 과정 자체가 이미 전혀 '환경 친화적'이지 않다. 이 금속들 대부분이 무역업계에선 '누적된 공급 부족'이라고 알려져 있는 심각한 상황에 처해 있다. 다시 말해, 고갈되어가고 있다는 얘기다. 더군다나 차세대 태양열 전지판을 만드는 데는 삼불화질소가 필요하다. 삼불화질소는 지구 상에서 가장 강력한 온실가스다.

둘째로 현재의 녹색 에너지 기술이 전 지구적인 해결책이 될 수
있는 상황을 가정하더라도(그렇지 않지만 말이다), 지금 당장 전
세계에서 광범위한 녹색 에너지 프로그램이 실행되어야만 한다.

물 론 그 렇 게 실 행 되 고 있 지 는 않 다 .

더 나아가 전 세계에서 전면적으로 그러한 프로그램을 진행해왔다고 가정하더라도(그렇지 않지만 말이다), 녹색 에너지로 지구에 전력을 공급할 수 있을 때까지 수십 년은 족히 걸릴 것이다.

그동안 우리가 사용하는 에너지의 거의 대부분은 계속해서 화석연료(석유, 석탄, 천연가스)로부터 공급될 수밖에 없다. 그 결과 기후 문제는 계속해서 악화될 것이다.

그런데, 이제까지와는 근본적으로 다른 전혀 새로운 유형의 녹색 에너지 혁명이 가능할 거라고 상상은 해볼 수 있다. 이미 식물들이 해오던 일이기 때문이다. 우리는 그 혁명을 광합성이라 부른다.

만약 우리가 '인공적인 광합성' 방법을 알아낼 수 있다면, 다시 말해 식물로부터 태양 에너지를 이용 및 전환하는 방법을 배울 수 있다면, 전 세계 에너지 문제에 대한 해결책을 제시할 수 있을 것이다.

전 세계에서 (우리 연구소를 비롯하여) 극히 소수의 연구소만이 이 문제에 대한 고민을 이제 막 시작한 단계다.

개인적으로 이런 얘기를 할 거라고는 상상해본 적도 없지만, 아마도 에너지 문제를 풀 수 있는 유일한 해결책은 원자력 발전인 듯하다. 물론 단기적인 (향후 몇십 년 정도에 한정된) 대안일 것이다.

그런데 원자력 발전이 해결책이 되려면, 지금 당장 전 지구적인 원자력 발전 프로그램이 실행되어야만 한다.

물론 그렇게 실행되고 있지는 않다.

사실 각국 정부에선 원자력 발전을 꺼리고 있는 실정이다. 비용이 많이 들고, 정치적으로 인기가 없기 때문이다. 또한 상업용 원자력 발전 산업은 장기적으로 핵 쓰레기를 처분, 처리하는 데 드는 비용을 감당하고 싶어 하지 않는다.

전 지구적 물 문제도 바닷물을 사용 가능한 물로 바꿔주는 담수화 공장을 지어 일부는 해결할 수 있을지 모른다.

반복되는 이야기지만, 그러려면 지금 당장 광범위한 담수화 프로그램이 실행되어야만 한다. 마찬가지로 그런 프로그램이 시작될 기미는 전혀 보이지 않는다.

그리고 그렇게 된다고 하더라도(그렇지 않지만 말이다), 기껏해야 한 가지 문제(담수 부족 현상 심화)를 해결할 수 있을 뿐이고, 두 가지 문제는 오히려 악화될 것이다.

그 첫째는 에너지 문제다. 담수화는 엄청난 에너지가 집중 투입되어야 하는 작업이다. 둘째는 해안 지역 생태계 파괴 문제다. 담수화는 오염 물질을 매우 많이 배출하는 작업이기 때문이다.

지구공학이란 기본적으로 우리 눈앞에 닥친 문제들이 가져올 최악의 결과를 막기 위해 전 지구적인 차원에서 새로운 과학기술을 활용해보자는 개념이다. 최근 논의되고 있는 방법들은 다음과 같다.

1. 전 세계 바다에 철분 수십억 톤을 뿌려 바다의 이산화탄소 흡수량을 늘리는 방법이다. 하지만 이 방법은 해양 생물에게 재앙을 가져다줄 수 있다. 또한 이 방법이 전 지구적 탄소 순환에 어떤 영향을 미칠지에 대해 알려진 바가 전혀 없다.

2. 우주 공간에 대형 우산을 설치해 태양 에너지를 우주 공간으로 반사하는 방법이다.

3. 태양광선을 가로막는 미세한 입자인 에어로졸을 대기로 배출하는 방법이다. 지속적으로 이산화황을 대기 중으로 주입하여 '일상적인' 화산 폭발을 유도하는 방법, 또는 석회석 가루, 염화타이타늄, 그을음을 대기 중으로 주입하여 태양복사열을 차단하는 방법이 있다. 사실상 대기 갈색 구름을 '인공적으로' 만들자는 이야기다. 여기서 나는 대기 갈색 구름이 이미 30억이 넘는 사람들의 건강에 부정적인 영향을 끼치고 있다는 사실을 지적하지 않을 수 없다.

4. 탄소 포집 저장Carbon capture and storage, CCS 기술로, 이는 (발전소 등의) 이산화탄소를 배출하는 곳에서 사전에 이산화탄소를 포집하여 지하에 저장해야 한다는 개념이다. 영국에서 진행되었던 세계 최대 규모의 탄소 포집 저장 시범 프로젝트는 2012년에 중단되었다. 기술적, 재정적으로 실행 불가능하다는 것이 그 이유였다.

문제는 지금까지 나와 있는 모든 지구공학적 방법의 효과가 전혀 증명되지 않았다는 점이다.
그 방법들은 모두 엄청난 비용을 필요로 한다. 또한 심각한 부작용을 낳을 수 있으며, 장기적으로 어떤 영향을 미칠지 전혀 예측할 수 없는 상황이다.

개인적으로 나는 지구공학에 대해 확신이 없다. 고백하자면 매우 회의적인 입장이다.

앞에서 얘기한 대로, 현재 100억 인구에게 식량을 공급할 수 있는 방법은 알려진 바 없다. 그래서 제2의 녹색혁명으로 이 문제를 해결할 수 있다는 생각은 지금 매우 뜨거운 관심을 불러일으키고 있다.

우리는 이미 녹색혁명을 이룬 바 있다. 그래서 사람들이 '또 다른 녹색혁명을 이룰 수 있을 것'이라고 생각하는 것 같다.

확실한 사실은 우리에게 식량혁명이 절실히, 그것도 긴급히, 필요하다는 것이다. 혁명 없이는 수십억 인류가 굶주릴 수밖에 없기 때문이다.

그런데 제2의 녹색혁명이라는 기획에 착수하려면, 가장 먼저 첫 번째 혁명을 보다 자세히 살펴봐야 할 것이다.

첫 번째 녹색혁명은 농작물 생산량을 늘리는 데 집중했다. 그런데 생산량을 늘리려면 화학 비료를 도입하고, 농작물의 생육 기간을 줄여야 했다(작물을 오래 키우기보다는 바로 이용할 수 있는 씨앗과 꽃의 생산량을 늘리는 데 힘을 쏟았다).

농작물의 생육 기간을 줄이기 위해서는 화학 제초제를 투입해야 했다. 화학 제초제로 농작물보다 더 높이 자라 더 많은 빛을 흡수하는 잡초를 제거했던 것이다.

또한 자연 방제 대신 화학 농약을 도입, 사용하여 농작물을 재배했다. 식물의 자연 방제가 생장률을 낮췄기 때문이다.

그리고 어리석게도 물을 과도하게 사용하는 방식으로 농작물을 재배했다. 결국 엄청나게 많은 양의 농업용수가 필요하게 되었다.

녹색혁명은 '들판에서 더 많은 식량을 얻는 방법을 찾아낸 영리한 사람들'의 이야기가 아니다. 에너지와 화학물질을 통해 여분의 식량이라는 대가를 얻는 게 바람직하다고 생각한, 영리한 사람들의 이야기라고 해야 진실에 가까울 것이다.

녹 색 혁 명 은 　 신 화 다 .

식량혁명은 절실히 필요하다.
하지만 그 혁명은 이제까지와는
전혀 다른 새로운 유형의 과학을 요구할 것이다.

기술 측면에서 더 살펴봐야 할 게 있을까?

언젠가 미래에는 새로운 기획과 새로운 기술이 나타나게 되지 않을까, 하는 기대도 있긴 하다. 이러한 이성적 낙관론자들의 의견은 우리에겐 우수한 지능과 창조력이 있으니 걱정할 필요가 없다는 것, 우리는 당장의 궁지에서 벗어날 수 있는 방법을 찾아내고야 말 것이라는 것 등으로 요약된다. 물론 마음을 기댈 수 있는 무언가를 믿는다는 건 벗어나기 힘든 유혹임에 틀림없다(나 역시도 그런 유혹에 흔들린다). 하지만 이는 환상으로 비약하는 것밖에 안 된다.

현재 우리가 처한 상황을 고려했을 때, 당장은 이성적 비관론자가 되는 게 분별력 있는 선택이라고 생각한다.

나는 오늘날 드러난 근거에
비추어볼 때, 기술 혁신을 통해
이 궁지에서 벗어나기란
어려울 거라고 생각한다.

그러니 우리는 뭔가 다른 걸 해야 할 필요가 있다.

기술 혁신을 통해 궁지에서 벗어나는 게 어렵다면, 우리에게 남은 유일한 해결책은 우리의 행동 양식을 바꾸는 것뿐이다. 그것도 전 세계에서 모든 단계에 걸쳐 근본적으로 바꿔야 한다.

간략히 말하자면,
당장 소비를 줄이는 게 절실히 필요하다.

그것도 아주 많이 줄여야 한다. 소비 패턴을 기본적으로 바꿔야 한다. 더 아껴 써야만 한다. 아주 많이 아껴야 한다.

우리의 행동 양식에 이런 근본적인 변화를 가져오려면 정부의 과감한 정책 또한 요구된다.

그런데 이러한 변화에 대한 논의를 진행할 때, 요즘 정치인들은 문제 해결에 전혀 도움이 되지 않는다. 왜냐하면 행동 양식에 중요한 변화를 이끌어내는 데 필요한 정책 결정은, 필연적으로 정치인의 인기를 떨어뜨리기 때문이다. 그들은 모두 그런 사실을 잘 알고 있다.

그래서 정치인들은 여러 외교적 노력조차 실패로 돌아가게 만들고 있다. 예를 들어보자.

유엔 기후변화협약은 20여 년 전에 온실가스가 지구의 대기권으로 배출되는 것을 규제하기 위해 체결되었다. 실패로 끝났다.
유엔 사막화방지협약은 20여 년 전에 토지 황폐화 및 사막화를 막기 위해 체결되었다. 실패로 끝났다.
생물다양성협약은 20여 년 전에 생물종 다양성 감소를 둔화시키기 위해 체결되었다. 역시 실패로 끝났다.

앞의 세 가지 예 말고도 전 지구적 계획이 실패로 돌아간 사례는 많다. 목록을 나열하자면 너무 길어져 우울해질 정도다.

심지어 가장 최근에 열린 리우+20 회의나 도하 기후변화협약 당사국총회에서는 이전에 맺은 모든 협약, 협정, '약속'보다 후퇴한 수준의 논의가 이뤄진 바 있다.

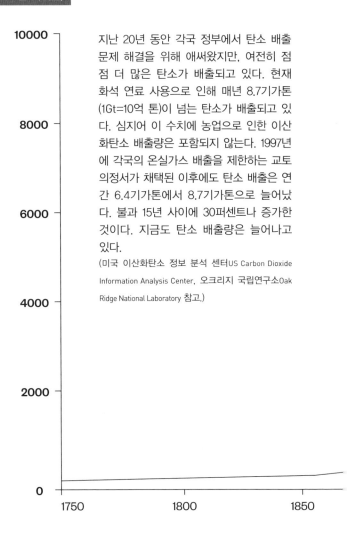

전 세계 탄소 배출량
(단위: 100만 미터톤)

지난 20년 동안 각국 정부에서 탄소 배출 문제 해결을 위해 애써왔지만, 여전히 점점 더 많은 탄소가 배출되고 있다. 현재 화석 연료 사용으로 인해 매년 8.7기가톤(1Gt=10억 톤)이 넘는 탄소가 배출되고 있다. 심지어 이 수치에 농업으로 인한 이산화탄소 배출량은 포함되지 않는다. 1997년에 각국의 온실가스 배출을 제한하는 교토의정서가 채택된 이후에도 탄소 배출은 연간 6.4기가톤에서 8.7기가톤으로 늘어났다. 불과 15년 사이에 30퍼센트나 증가한 것이다. 지금도 탄소 배출량은 늘어나고 있다.

(미국 이산화탄소 정보 분석 센터US Carbon Dioxide Information Analysis Center, 오크리지 국립연구소Oak Ridge National Laboratory 참고.)

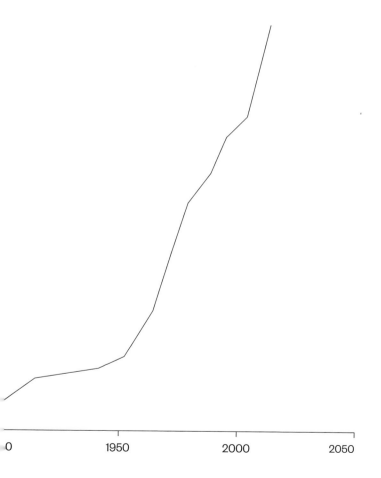

지난 20여 년은 말만 있고 실천으로는 이어지지 않는 시기였다.
문제는 앞으로 다가올 20년도 그런 시기가 될 가능성이
높다는 것이다. 그사이 우리는 더욱 어렵고
심각한 문제에 봉착하게 될 것이다.
각국 정부는 이렇게 별다른 조치를 취하지 않는 것을
여론과 과학적 불확실성을 구실로 정당화하고 있다.

'과학계에서 기후 변화가 진행 중이라는 걸 증명할 때까지 기다릴 필요가 있다'는 식이었던 것이다. 이제 기후 변화가 진행 중이라는 사실은 확실히 입증되었다.

그러자 '과학자들이 기후 변화가 어떤 영향을 미칠 것인지, 또 이에 대처하는 데 어느 정도 비용이 들 것인지 얘기할 수 있을 때까지 기다릴 필요가 있다'고 한다. 또 '바로 조치를 취해야 한다는 여론이 커질 때까지 기다릴 필요가 있다'고도 한다.

하지만 기후 모형은 언제나 불확실성의 영역에 놓여 있을 것이다.

여론에 대해 이야기해보자. 정치인들은 여론이 자신들의 뜻과 맞지 않으면 대놓고 이를 무시해왔다. 전쟁, 은행원들의 상여금, 의료 개혁 등의 사례만 봐도 알 수 있지 않은가.

정치인들과 각국 정부가 기후 변화를 막겠다고 약속하면서 했던 말과 그들이 실제로 취하고 있는 행동은 완전히 다르다.

G20 leaders, London, 2009.
G20 지도자들, 런던, 2009년 .

산업계는 어떠한가? 2008년에 저명한 경제학자와 과학자 그룹 (당시 도이치 은행 선임 경제연구원이던 파반 수크데프가 이끌고 있었다)은 생물종 다양성의 가치에 대해 권위 있는 경제적 분석을 내놓았다. 결론이 어땠을까? 전 세계 3,000개 주요 기업의 산업 활동이 자연과 환경에 끼치는 손실액이 어마어마한 것으로 드러났다. 숲 생태계만 따로 보더라도 매년 1조 3,000억 달러에서 3조 1,000억 달러에 달하는 손실을 끼치는 것으로 추산되었다. 더구나 손실액은 매년 증가하고 있다.

이 비용은 '외부효과'다. 이는 산업 활동이 사회에 비용을 발생시키는 것을 가리킨다. 하지만 기업에서는 그 비용을 지불하지 않는다. 앞에서 언급한 자동차 생산 비용과 같은 것이다. 환경 파괴, 기후 변화, 오염, 생태계 손실 등의 문제로 비용이 발생하고 있다.

이 비용은 미래에 반드시 치러져야 할 것이다. 바로 우리의 자녀와 손주 들에 의해서 말이다.

산업계와 관련해서, 우리가 직면하게 될 점점 더 많은 문제를 다소나마 해소하려면 기업 문화를 뿌리째 바꿔야 한다. 그것만이 유일한 희망이다. 파반 수크데프의 글을 살펴보자.

'기업 경영 원칙의 변화가 시급하다. 이제까지 기업은 정부 규제에 영향을 미치고, 세금을 줄이고, 유해 활동 보조금을 수령할 수 있는 가장 효율적인 방법을 찾아 주주에게 돌아갈 이익을 최대화하는 방향으로 운영되었다. 하지만 이제라도 혁신, 자원 보존, 많은 이해 관계자들의 만족을 원칙으로 삼아야 한다.'

이런 변화가 과연 이뤄질 것인가?
나는 그렇게 생각하지 않는다.

우리는 어떠한가?

주말 신문 인터뷰를 보면 이렇게 말하는 유명인사가 몇몇 있다. '사륜구동 대형차를 포기하고 새로 친환경 하이브리드 소형차인 프리우스를 샀어요. 이 정도면 환경 보호에 어느 정도 도움이 되는 것 아닌가요?' 예전에는 이런 기사가 흥미로웠지만, 이젠 신물이 날 지경이다.

그들은 환경 보호에 어떠한 도움도 주지 않는다. 하지만 그들의 잘못은 아니다. 사실 그들에겐 (또 우리에겐) 제대로 된 정보가 주어지지 않는다.

이 부분도 문제라고 할 수 있다. 우리에게는 필요한 정보가 주어지지 않고 있다. 단순히 말해 현재 문제의 규모와 성격이 우리에게 제대로 전달되지 않고 있는 것이다. 우리가 어떤 일을 해야 하는지 알 수 있어야 한다. 그래야만 비로소 문제 해결을 향한 첫발을 내디딜 수 있을 것이나.

"휴대전화 충전기를 꺼두어라."

"샤워하면서 소변을 봐라."
(개인적으로 가장 좋아하는 일이긴 하다.)

"전기차를 구입하라."
(이건 아니다, 사지 마라.)

"휴지를 세 칸 말고 두 칸만 써라."

최근 들어 우리는 이런 식으로 행동 양식을 변화시켜 나가자는 이야기를 듣는다. 이런 일에 나서길 좋아하는 유명인사들과 이런 식의 터무니없는 대책을 제시하면서 '해결책'을 내놓는다고 믿는 정부에서 하는 소리다.

이러한 형식적인 제스처는 모두 근본적인 사실을 간과하고 있다. 우리에게 닥쳐온 문제는 거대하고, 예측 불가능한 것이며, 그래서 해결하기가 매우 어려울 거라는 사실 말이다.

누구도 원하지 않겠지만, 우리는 행동 양식을 근본적으로 바꿔야만 한다. 어떻게 해야 하는가?

소비를 줄여야 한다. 그것도 아주 많이 줄여야 한다. 식량도 적게, 에너지도 적게, 상품도 적게 소비해야 한다. 자동차, 전기차, 면 티셔츠, 노트북컴퓨터, 휴대전화도 줄여야 한다. 훨씬 더 조금만 써야 한다.

하지만, 전 세계 소비량은 끊임없이 증가하고 있다.

여기서 말하는 '우리'란 서구와 북반구에 사는 사람들을 가리킨다. 현재 세계에는 소비를 늘려야 할 필요가 있는 이들도 대략 30억 명 정도 있다. 그들은 물도 더 많이, 식량도 더 많이, 에너지도 더 많이 소비해야 한다. 이번 세기가 끝나갈 때쯤엔 소비를 늘려야 할 필요가 있는 사람들의 수가 50억 명 정도에 이를 것이다.

'아이를 갖지 마'라고
얘기하는 건 완전히 말도 안 되는 소리다.

그런 말은 우리에게 있는 모든 유전 정보와도, 우리가 지닌 가장 중요한 (또한 즐거운) 욕망과도 배치된다. 그렇기는 해도, 현재의 출생률을 유지하는 건 (전 지구적으로) 최악의 상황을 초래하는 일이다.

아무리 세계 원자력 발전 프로그램이 제대로 실행되더라도, 아무리 지구공학으로 기후 변화 문제를 어느 정도 통제할 수 있게 되더라도, 아무리 우리가 소비를 줄일지라도, 인구 증가율이 현재 수준을 유지할 경우 그 모든 노력은 헛수고가 될 것이다.

개발도상국가의 여성 교육 수준 상승과 출생률 감소 사이에 상관관계가 있다는 사실은 잘 알려져 있다. 하지만 인구가 가장 급격히 늘어나고 있는 지역에서는 이런 현상의 징후가 거의 보이지 않는다. 거기에는 다양한 정치적, 종교적 이유가 있다.

이들 지역에서는 피임이 시도해볼 만한 하나의 해결책으로 자리 잡지 못하고 있다. 부분적으로는 앞서 말한 정치적, 종교적 이유 때문이다. 또한 아이를 셋에서 다섯은 낳아야 '이상적'이라고 생각하는 문화적 기준이 여전히 많은 국가에 존재한다는 단순한 사실 때문이기도 하다.

니제르를 예로 들어보자. 그곳에선 이미 수년 전부터 피임이 자유로워지면서 널리 보급되었다. 또한 교육 프로그램도 실시되어왔다. 하지만 여전히 여성 한 명당 평균 일곱 명의 아이를 출산하고 있다.

유엔에 따르면, 이번 세기말에 잠비아의
인구는 941퍼센트 늘어날 것으로 추산된다.
나이지리아 인구는 349퍼센트 늘어나
7억 3,000만 명이 될 것이다.

아프가니스탄 242퍼센트
콩고민주공화국 213퍼센트
감비아 242퍼센트
과테말라 369퍼센트
이라크 344퍼센트
케냐 284퍼센트
라이베리아 300퍼센트
말라위 741퍼센트
말리 408퍼센트
니제르 766퍼센트
소말리아 663퍼센트
우간다 396퍼센트
예멘 299퍼센트

심지어 미국 인구도 2100년까지 53퍼센트 늘어나 4억 7,800만 명이 될
것으로 추산된다. 참고로 2013년 미국 인구는 3억 1,600만 명이다.

여기서 지적하고 싶은 게 있다.

만약 전 세계 출생률이 현재 수준을 유지한다면,

이번 세기말 인구는 100억 명이 아니라

280억 명이 될 것이다.

이대로 방치할 경우
우리에겐 어떤 상황이
펼쳐질 것인가?

이 문제를 이런 식으로 한번 살펴보자. 당장 내일 우리가 지구와 충돌할 행로로 운행 중인 소행성을 발견했다고 가정해보자. 물리학은 매우 명료한 학문이기 때문에, 소행성이 2072년 6월 3일에 지구와 충돌할 것이고, 그로 인해 지구 상 생물체의 70퍼센트가 사라질 거라는 계산이 가능할 것이다. 이 경우 각국 정부에서는 전 지구의 능력을 모두 동원하여 사상 초유의 상황에 대처해 나갈 것이다.

과학계, 기술계, 대학, 기업이 모두 동원될 것이다. 그중 반은 소행성을 막을 방법을 모색할 것이고, 나머지 반은 소행성을 막는 게 불가능하다고 판명될 경우 인류가 생존하여 지구를 재건할 길을 찾을 것이다.

우리가 지금 처해 있는 상황이 이와 거의 비슷하다. 다만 정해진 날짜와 소행성만 없을 뿐이다.

문제는 바로 우리다.

우리가 이러한 상황에 처해 있는데도 (이 문제의 규모와 상황의 긴박함을 고려했을 때) 아무런 조치도 취하지 않는 이유를 아무리 이해하려 해도 도무지 할 수가 없다.

'힉스 보손'이라고 불리는 입자의 존재를 증명하기 위해 유럽 원자핵공동연구소에 투입된 예산이 무려 80억 유로다. 물론 그 덕분에 마침내 질량이 설명되고, 입자 물리학의 표준 모형이 완성될 수 있었을 것이다.

유럽 원자핵공동연구소 소속 물리학자들은 이것이 지구 상에서 가장 크고 가장 중요한 실험이라고 이야기하고 싶을 것이다.

하지만 그렇지 않다.

지구 상에서 가장 크고 가장 중요한 실험은 우리 모두가 지금 실시하고 있는 바로 이것이다. 지구 자체를 대상으로 하는 실험.

우리의 지구가 감당할 수 있는 사람의 수에 한계가 존재한다는 것, 이를 부정하는 건 어리석은 생각이다. 단지 그 수가 70억(현재 전 세계 인구)이냐, 100억이냐, 아니면 280억이냐의 문제다. 나는 이미 그 수를 넘어섰다고 생각한다. 그것도 많이 넘어선 듯하다. 우리는 아직 현재의 상황을 변화시킬 수 있다. 과학기술의 힘으로는 어려울 것이다. 우리의 행동 양식을 송두리째 바꿔야 한다. 하지만 그런 노력이 이뤄지고 있다는, 또는 조만간 이뤄질 거라는 징조는 전혀 보이지 않는다.

내 생각에 아마도 우리는 살던 대로 계속 살게 될 것이다.

누군가 나에게 과학자로서 우리가 처한 현 상황에 대해 어떻게 생각하느냐고 묻는다면 이렇게 대답할 것이다.

과학이란 기본적으로 조직화된 회의주의organized skepticism다. 나는 내 작업에 오류가 있다는 것을 증명하기 위해, 또한 내 연구 결과를 다른 식으로 설명하기 위해, 일생을 바치고 있다. 여기에는 심지어 이름도 붙어 있다. 칼 포퍼의 반증 가능성 원리라고 한다.

나는 내 생각에 오류가 있기를 소망한다. 하지만 과학은 내 생각이 잘못된 게 아님을 알려주고 있다.

책의 서두에서 말했듯이,
우리가 지금 처한 상황을

'초유의 비상사태'라고 부르는 것은
정확한 지적일 것이다.

전 지구적 재앙을 막기 위해 한시라도 빨리 무언가 급진적인
일을 벌여야만 한다. 하지만 내 생각에
그런 움직임은 없을 것 같다.

내 생각에 우리는 완전히 망했다.

나는 내가 아는 가장 이성적이고 똑똑한 과학자 중
한 사람(우리 연구소 소속으로, 이 분야를 연구하고 있는
젊은 과학자다)에게 이런 질문을 던졌다. '우리가 마주한 상황과
관련하여 가장 먼저 무엇을 해야 한다고 생각하십니까?'

그의 대답은 이러했다.

'나는 아들에게 권총 사용법을 가르칠 겁니다.'

8~9쪽 Apartment buildings in Shanghai. © Image Source/Corbis

28~29쪽 Highway #1 Los Angeles, California, USA, 2003. © Edward Burtynsky, courtesy Nicholas Metivier Gallery, Toronto / Howard Greenberg & Bryce Wolkowitz, New York

48~49쪽 Texas. From Eli McFadden's Terrain series. © Eli McFadden

52~53쪽 Mirny, Yakutia, Russia, March 1996. © Jeremy Nicholl 1996

68~69쪽 Soya plantation, Vilhena, Brazil. © Rodrigo Baleia/LatinContent/Getty Images

88~89쪽 An atmospheric brown cloud shrouds Hong Kong. © Alex Hofford/epa/Corbis

92~93쪽 VW Lot #1 Houston, Texas, USA, 2004. © Edward Burtynsky, courtesy Nicholas Metivier Gallery, Toronto / Howard Greenberg & Bryce Wolkowitz, New York

94~95쪽 Crushed Cars #2, Tacoma, 2004. © Chris Jordan

96~97쪽 Burning Tire Pile #1, Near Stockton, California, 1999. © Edward Burtynsky, courtesy Nicholas Metivier Gallery, Toronto / Howard Greenberg & Bryce Wolkowitz, New York

108~109쪽 Twenty-four hours of air traffic. © Mario C. E. Freese – www.LX97.com

132~133쪽 Food riots, Algeria, 2011. © STR/AFP/Getty Images

182~183쪽 G20 leaders, London, 2009. © Eric Feferberg/AFP/Getty Images

100억 명, 어느 날

2014년 6월 23일 초판 1쇄 인쇄
2014년 6월 30일 초판 1쇄 발행

지은이 | 스티븐 에모트
옮긴이 | 박영록
발행인 | 이원주
책임편집 | 정선영
책임마케팅 | 조용호

발행처 | (주)시공사
출판등록 | 1989년 5월 10일(제3-248호)

주소 | 서울시 서초구 사임당로 82(우편번호 137-879)
전화 | 편집(02)2046-2850 · 마케팅(02)2046-2878
팩스 | 편집(02)585-1755 · 마케팅(02)588-0835
홈페이지 | www.sigongsa.com

ISBN 978-89-527-7161-2 03300